Initiation à la traduction générale
Du mot au texte

Maurice Rouleau

Initiation à la traduction générale

Du mot au texte

Préface de Michelle Pharand

Données de catalogage avant publication (Canada)

Rouleau, Maurice, 1942-
Initiation à la traduction générale : du mot au texte

Comprend des références bibliographiques et un index.
Pour les étudiants du 1er cycle universitaire.

ISBN 2-920342-38-X

1. Traduction. 2. Communication écrite. 3. Rhétorique. 4. Traduction – Problèmes et exercices. I. Titre.

P306.5.R68 2001 418'.02 C00-901752-6

Révision : Michelle Pharand
Correction d'épreuves : Ghislaine Archambault
Mise en page : Madeleine Bouvier
Maquette de la couverture : Martine Raffin
Illustration : Alfred Amyot

Case postale 92012, Place Portobello
Brossard (Québec) J4W 3K8

Dépôt légal : 1er trimestre 2001
Bibliothèque nationale du Québec
Bibliothèque nationale du Canada

PRÉFACE

À travers les siècles, des individus de langues et de cultures différentes ont pu se comprendre et échanger des biens et des idées grâce à des intermédiaires, les traducteurs et interprètes, qui maîtrisaient plus d'une langue. En effet, traducteurs et interprètes ont joué un rôle de premier plan dans les domaines de la philosophie, de la religion et du commerce; ils ont participé aux processus de guerre et de paix, et ont largement contribué à l'évolution et à l'enrichissement des langues, ainsi qu'à la diffusion du savoir.

Le rôle du traducteur a toujours consisté à assurer la communication. Or, à l'heure actuelle, Internet et le phénomène de mondialisation des échanges projettent plus que jamais le traducteur à l'avant-plan dans l'univers de la communication. C'est pourquoi le débutant doit être sensibilisé au caractère stratégique de sa fonction de communicateur et comprendre que le texte est un instrument de communication. Sa tâche n'étant pas dépourvue de responsabilités, il lui revient de transmettre le plus intégralement possible dans sa langue maternelle les messages en langue étrangère qu'on lui confie. Cela suppose une excellente maîtrise des deux langues en cause, ce sur quoi met l'accent le présent ouvrage.

Initiation à la traduction générale, *de Maurice Rouleau, est un outil éminemment pratique qui propose à son lecteur, traducteur en devenir, de parfaire ses connaissances linguistiques et qui insiste sur deux éléments fondamentaux en traduction : la compréhension du message et la qualité de la langue d'arrivée. Il traite, par ailleurs, de problèmes courants touchant à la fois la démarche d'écriture et la démarche de traduction. Il signale les embûches qui guettent le novice, s'attarde aux difficultés sur lesquelles celui-ci bute couramment, propose des solutions aux divers problèmes de langue qu'il rencontre et dresse des balises lui permettant d'aboutir à des traductions à la fois fidèles, correctes et idiomatiques. De par le caractère original de son traitement,* Initiation à la traduction générale *se révèle un important complément de formation qui incite le traducteur débutant à réfléchir à sa démarche.*

En 1540, Étienne Dolet, humaniste et traducteur, disait déjà : « Il faut que le traducteur entende parfaitement le sens et la matière de l'auteur qu'il traduit, car par cette intelligence il ne sera jamais obscur en sa traduction. Il faut aussi que le traducteur ait parfaite connaissance de la langue qu'il traduit. » Presque quatre siècles plus tard, en 1928, André Gide, écrivain et lui aussi traducteur, précisait dans sa Lettre à André Thérive *: « Un bon traducteur doit bien savoir la langue de l'auteur qu'il traduit, mais mieux encore la sienne propre, et j'entends par là non point seulement être capable de l'écrire correctement, mais en connaître les subtilités, les souplesses, les ressources cachées... On ne s'improvise pas traducteur. » À l'aube du XXIe siècle, les définitions que donnent Dolet et Gide du bon traducteur demeurent tout aussi actuelles, et la publication d'*Initiation à la traduction générale*, de Maurice Rouleau, vient avec pertinence rappeler que l'« on ne s'improvise pas traducteur ».*

Michelle Pharand

TABLE DES MATIÈRES

LISTE DES FIGURES

AVANT-PROPOS

Le talent nous place certes sur le chemin du succès;
mais seul le travail nous y conduit.

Une profession non protégée
Un titre protégé…

Vous, qui voulez devenir traducteur[1], ne savez peut-être pas que la traduction n'est pas une profession protégée, qu'il n'est pas nécessaire, pour traduire, d'avoir un diplôme en traduction ni d'être membre de l'Ordre des traducteurs, terminologues et interprètes agréés du Québec (OTTIAQ) ou d'un autre ordre ou association reconnus. Autrement dit, n'importe qui peut prétendre être traducteur. Vous conviendrez, si l'on se fie à de trop nombreuses mauvaises traductions, que traduire n'est pas aussi simple qu'il y paraît.

Pour vous démarquer du traducteur improvisé, vous devrez être capable non seulement de produire de bonnes traductions, mais aussi de justifier vos choix auprès du donneur d'ouvrage, d'argumenter au besoin, de faire la preuve que vous savez très bien ce que traduire veut dire. Bref, vous devrez acquérir une solide formation. C'est cette formation, et elle seule, qui vous permettra d'assurer à votre future profession toute la visibilité et toute la crédibilité qu'elle mérite.

Une fois que vous aurez reçu cette formation, vous serez en droit de vous déclarer traducteur, membre d'un ordre professionnel reconnu, car, si la profession n'est pas protégée, le titre de traducteur agréé, lui, l'est. Et seule une solide formation vous permettra d'espérer que les donneurs d'ouvrage feront appel à vos services. Vous serez spécialiste en la matière, et c'est à ce titre qu'il vous reviendra de faire un travail de traduction.

Si votre voiture ou votre magnétoscope viennent à faire défaut, vous ferez sans doute appel à un spécialiste, car vous ne vous y connaissez pas beaucoup en mécanique automobile, pas plus d'ailleurs qu'en électronique. Mais comment réagirez-vous si, une semaine

1. Dans cet ouvrage, le masculin n'est utilisé que pour alléger le texte.

après avoir fait effectuer la réparation, le problème réapparaît? N'aurez-vous pas l'impression qu'on s'est moqué de vous? Il y a fort à parier que vous ne ferez pas au soi-disant spécialiste une très bonne publicité, car il aura fait preuve d'un manque flagrant de professionnalisme. Vous attendiez de lui, qui se proclamait spécialiste, un travail irréprochable.

À la fin de vos études en traduction, c'est vous qui serez considéré comme professionnel. À ce titre, vos clients exigeront de vous ce que, vous, vous attendez d'un spécialiste : du professionnalisme, c'est-à-dire un travail si bien fait qu'ils recourront de nouveau à vos services, sans aucune hésitation.

Vous devez donc vous préparer sérieusement à être à la hauteur de vos ambitions, à être un **professionnel** digne de ce nom, à être un **spécialiste** dans votre domaine d'activité. Le présent manuel a pour objectif de vous donner tous les outils vous permettant d'y parvenir.

Introduction

CE QUE VOUS VOULEZ DEVENIR...

0 UN SPÉCIALISTE DE...

Intuitivement vous savez que votre tâche consistera à transmettre un message, que traduire est une opération qui fait partie du grand domaine de la communication. Si vous devenez spécialiste, ce sera donc dans le domaine de la **communication**.

Vous croyez peut-être que communiquer ne présente aucune difficulté. Mais, dans les faits, effectuer une communication efficace n'est pas aussi aisé qu'on serait porté à le croire. Par exemple, ne vous est-il jamais arrivé de jeter au panier la feuille sur laquelle vous veniez de jeter vos idées? Si oui, c'est que vous n'étiez pas satisfait de votre texte; les mots ne rendaient pas bien votre idée, ou la façon de la présenter ne vous convenait pas. Il y avait discordance entre ce que vous vouliez écrire et ce que vous aviez effectivement écrit; il y avait inadéquation entre votre dire et votre vouloir-dire. Si la seule matérialisation de votre idée vous crée déjà des difficultés, imaginez ce que peut être la communication avec une autre personne!

Quelles sont donc les conditions pour que la personne qui a un message à transmettre – l'émetteur – se fasse bien comprendre de la personne à qui le message est destiné – le récepteur? Le seul fait qu'émetteur et récepteur s'expriment dans la même langue suffit-il à aplanir toute difficulté? Certains diront que oui; d'autres seront moins catégoriques. À preuve la citation suivante :

> Le monde procède bien des deux personnes, voilà la création objective et la rédemption ou recréation par le rachat, mais comme l'esprit en procède aussi bien, il vient que le monde réel est la troisième personne, comme on a vu, ou l'esprit lui-même ou que l'esprit est le monde même ou le tout de l'objectif, ce pour quoi ce dernier peut être connu, enfin qu'ensemble ils sont le temps, choses belles que non seulement je voulais démontrer, mais qui naissent en même temps que la démonstration[1].

---

1. M. SERRES, *Le Tiers-Instruit*, Paris, Éditions François Bourin, 1991, p. 90.

Au cours d'une conversation, une personne joue alternativement le rôle d'émetteur et celui de récepteur. Et la communication se fait bien à la condition que l'émission et la réception soient parfaites. Si elles ne le sont pas, l'un des interlocuteurs demandera des précisions.

Nous avons souligné plus haut que vous travaillerez dans le domaine de la communication. Il serait bon, d'entrée de jeu, que vous puissiez vérifier vos compétences dans les deux grandes fonctions de la communication : l'émission et la réception. Êtes-vous bon récepteur? Êtes-vous bon émetteur? Pour le vérifier, vous êtes invité, dans les exercices qui suivent, à jouer successivement ces deux rôles. Vous serez alors en mesure d'évaluer vos compétences.

0.1 Êtes-vous bon récepteur?

Dans l'exercice 1, vous êtes celui qui reçoit le message, celui qui, par conséquent, doit le comprendre. Le message, qui consiste en 14 directives, est complet. Vous devez donc, **sans avoir à poser de questions**, pouvoir reproduire le dessin décrit.

Cet exercice vous permettra de vérifier votre qualité d'écoute et de compréhension. Si vous êtes bon récepteur, votre dessin sera identique à celui que reproduit l'annexe 1. Pour profiter pleinement de l'exercice, trouvez vos erreurs et surtout expliquez pourquoi vous les avez commises. Cet effort de réflexion sur votre travail vous aidera à devenir un meilleur récepteur.

EXERCICE 1

RÔLE DE RÉCEPTEUR

Directives :

- Idéalement, vous vous faites lire les directives.
- Une fois le dessin commencé, vous ne devez plus lever le crayon de la feuille.
- Utilisez une feuille de 8 1/2 sur 11 po.

1. Le point de départ est situé à 14 cm du côté gauche et à 2,54 cm du haut de la feuille.
2. Tracez, vers la droite, une droite de 13 cm, parallèle au haut de la feuille.
3. À angle droit, tracez une droite de 6 cm.

4. Tracez une droite de 5 cm en direction du coin inférieur gauche.
5. Tracez une droite de 15 cm, parallèle à la première droite tracée.
6. Tracez, vers le haut, une droite de 3 cm, parallèle à la deuxième droite tracée.
7. Tracez, à gauche de la droite, un demi-cercle, de la grosseur d'une pièce de 25 cents, qui s'ouvre vers le bas et dont le diamètre est perpendiculaire à la droite qui vient d'être tracée.
8. Tracez, vers le bas, une droite de 11,5 cm, parallèle à la droite de 3 cm.
9. Tracez une droite de 12,5 cm, en direction de l'angle formé par les troisième et quatrième droites tracées précédemment.
10. Tracez, vers le haut, une droite de 3 cm, perpendiculaire à la première.
11. Tracez, en équilibre sur cette droite, un cercle de la grosseur d'une pièce de 5 cents.
12. Tracez une tangente au cercle qui part du côté gauche et qui rejoint l'angle formé par les deux premières droites.
13. Tracez une droite jusqu'au troisième angle.
14. Tracez une droite qui rejoint le point central d'une droite imaginaire parallèle au haut de la feuille, située à 2,54 cm du haut de la feuille.

La conformité du message reçu (votre dessin) avec le message émis (voir l'annexe 1) dépend de l'application, consciente ou non, de certains principes qui président de façon inévitable à la rédaction de tout texte.

- **Un texte ne dit jamais tout.** L'auteur laisse toujours des vides que le lecteur est censé pouvoir combler. Ces vides correspondent à ce que l'auteur considère être des faits obligatoirement connus du récepteur. S'il fallait tout dire, on ne finirait jamais par dire ce que l'on veut dire. Il faut donc vivre avec des sous-entendus, des faits implicites. Et il y en a dans les 14 directives de cet exercice. Tous doivent savoir, par exemple, que 1 po vaut 2,54 cm; que la perpendiculaire de la directive 3 doit aller vers le bas (elle est de 6 cm, et le crayon se trouve à 2,54 cm du haut de la feuille), etc.
- **Un texte peut contenir des synonymes.** L'auteur peut vouloir utiliser des synonymes pour ne pas ennuyer son lecteur. Ce dernier doit s'en rendre compte. Dans cet exercice, le point de départ (directive 1) et le point d'arrivée (directive 14) sont en fait un seul et même point, décrit toutefois en des termes différents.

- **Un texte peut contenir des mots qui vous sont inconnus.** Pour rédiger son message, l'auteur fait normalement appel aux mots qu'il connaît et qu'il juge connus de son lecteur. Le traducteur doit, s'il ne connaît pas ces mots, en chercher la signification, car ce sont les mots et leurs associations qui véhiculent le sens. Dans le cas qui nous intéresse, le mot « tangente » ne fait pas nécessairement partie du vocabulaire de chacun. Et l'ignorance de ce mot gêne fort probablement la compréhension du message.
- **Un texte peut contenir un même mot utilisé avec des acceptions différentes.** L'auteur utilise ici le mot « droite » pour désigner tantôt la direction, tantôt une ligne. Le lecteur doit pouvoir saisir l'acception du mot en contexte. Dans le cas qui nous intéresse, la polysémie du mot « droite » ne cause pas de problème, mais il n'en est pas toujours ainsi.

Rappelez-vous que votre plus fidèle allié dans l'exercice de votre future profession sera toujours la **logique**. C'est elle qui vous permettra de bien analyser le texte.

0.2 Êtes-vous bon émetteur?

Dans l'exercice 2, vous devez troquer votre rôle de récepteur contre celui d'émetteur. Cette fois, au lieu de recevoir des directives, vous en rédigez. Vous formulez donc les directives qui permettront à une autre personne de reproduire sans fautes le dessin de l'exercice 2.

Une fois les directives rédigées, vous demanderez à deux personnes au moins de jouer le rôle de récepteurs. Elles devront, à partir des seules directives fournies par vous, pouvoir tracer le même dessin. La qualité de vos directives se reflétera dans le résultat obtenu. Vous pourrez alors vérifier si le message reçu correspond bien au message émis. Comme il est rare que la première série de directives soit parfaite, vous devrez y apporter les modifications qui s'imposent même si, au départ, vous aviez cru votre message bien formulé.

EXERCICE 2

RÔLE D'ÉMETTEUR

Les lettres ne font pas partie du dessin. Elles ne servent qu'à simplifier l'analyse qui en est faite ci-après.

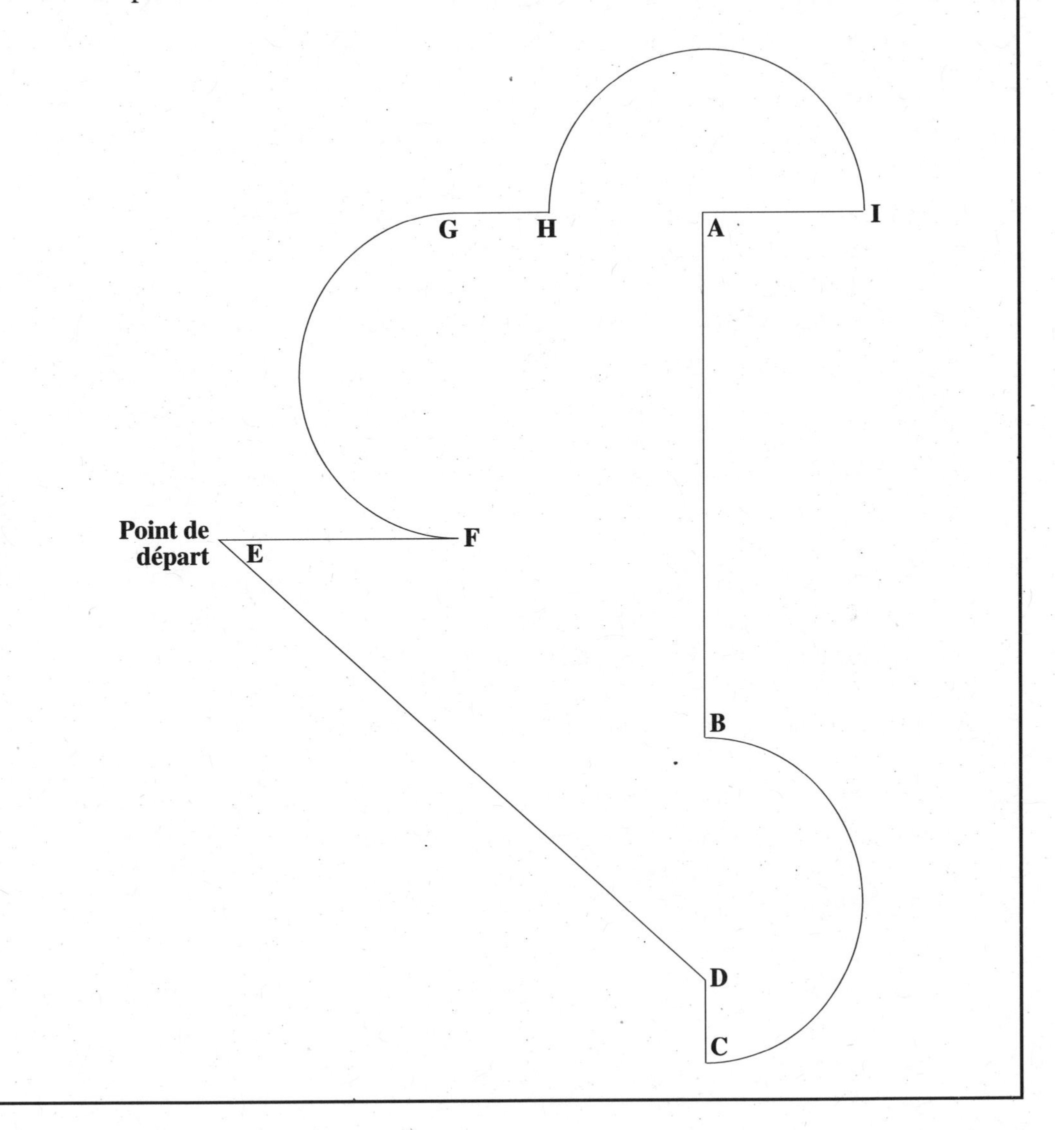

Vous avez sans doute constaté que le rôle d'émetteur n'est pas aussi facile que vous l'aviez initialement cru. Ici encore, le meilleur allié du traducteur est l'analyse. La formulation des directives sera d'autant plus facile que l'émetteur aura bien cerné le message à transmettre, qu'il l'aura examiné sous tous ses angles. Une bonne analyse vous a permis, ou vous aurait permis, de constater que :

- Les demi-cercles sont tous de même dimension. Il y avait donc moyen de ne fournir cette information qu'une seule fois. (Concision et simplification de l'énoncé.)
- La droite IA se trouve dans le prolongement de la droite GH; CD, dans le prolongement de AB. Ce constat aurait facilité la formulation des directives pertinentes. (Simplification de l'énoncé.)
- Les droites IA et CD font partie de lignes imaginaires qui passent par le centre des cercles; IA vaut la moitié de cette ligne, et CD, la moitié de IA. Le traducteur peut puiser dans ses connaissances élémentaires de géométrie pour décrire correctement cette réalité : IA est le rayon du cercle, et CD, un demi-rayon. (Choix du mot juste, concision dans la formulation.)
- Il est plus facile, une fois rendu à D, de dire : « rejoindre le point E » que d'essayer de formuler la directive qui permettrait au récepteur de tracer d'abord la droite ED. L'analyse aura permis de choisir, entre deux façons d'exprimer la même réalité, celle qui est la plus simple. Le message reste le même, mais sa formulation s'en trouve simplifiée. (Clarté du message.)

Cet exercice fait prendre conscience au traducteur que son **dire** (le premier jet) ne correspond pas toujours à son **vouloir-dire**, que ce qu'il croit avoir dit n'est pas nécessairement reçu comme tel par le récepteur.

0.3 Le rôle du traducteur dans la communication

Les deux exercices que vous venez de faire n'ont fait appel qu'à une seule et même langue de communication, le français. Vous avez été à même de constater les difficultés que peut présenter la réalisation d'une bonne communication. Que se passe-t-il maintenant si l'émetteur (É) et le récepteur (R) n'ont pas la même langue maternelle? Cela ne signifie pas pour autant que la communication est impossible. Si R comprend la langue parlée par É, le message passera fort bien; dans le cas contraire, la communication sera évidemment impossible.

É ----------------▶ / /-----------------▶ R

Figure 0.1 – La barrière linguistique

Si R veut savoir ce qu'a dit l'émetteur, mais qu'il ne comprend pas la langue utilisée par ce dernier, il doit absolument recourir à un intermédiaire qui, lui, connaît bien les deux langues en question. Et c'est ce rôle d'**intermédiaire** qu'est appelé à jouer le traducteur.

Pour bien remplir son rôle, le traducteur doit bien comprendre le message émis par É. Il joue alors, par rapport à ce dernier, le rôle de récepteur (R'). Une fois le message bien compris, il a mission de le transmettre à R, qui ne le comprenait pas. Pour effectuer ce transfert, le traducteur utilise idéalement sa langue maternelle, qui est aussi celle de R. Le traducteur joue alors, par rapport à ce dernier, le rôle d'émetteur (É').

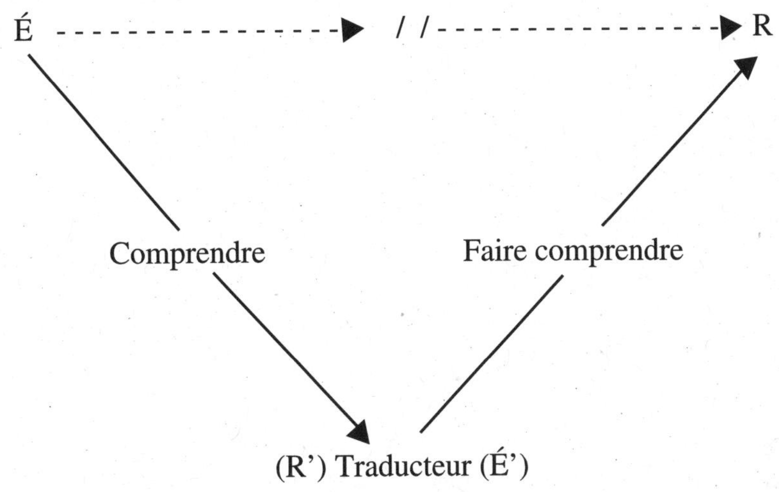

Figure 0.2 – Le rôle d'intermédiaire du traducteur

Bref, pour bien jouer son rôle, celui d'intermédiaire entre le texte de départ et le texte d'arrivée, le traducteur doit être à la fois **un bon récepteur** et **un bon émetteur**. La tâche qui vous attend peut se formuler de la façon suivante :

> **Traduire**, c'est dire ***bien*** dans une langue qu'on sait ***très bien*** ce qu'on a **très** ***bien*** compris dans une langue qu'on sait ***bien***[2].

Voilà une formule lapidaire, qui vous trace le chemin à parcourir si **ce que vous voulez devenir** est bien traducteur.

2. J.-O. GRANDJOUAN, *Les linguicides*, Paris, Didier, 1971, p. 227.

Première partie

CE QUE VOUS DEVEZ SAVOIR FAIRE POUR POUVOIR TRADUIRE

Pour bien jouer son rôle d'intermédiaire, le traducteur doit avoir une bonne maîtrise de la langue de départ, l'anglais en l'occurrence. Sa connaissance de cette langue peut fort bien n'être que passive, car, dans l'exercice de sa profession – au sens strict du terme –, il n'a pas à prouver qu'il possède la langue parlée. Une connaissance active est néanmoins un atout non négligeable, surtout quand vient le temps de communiquer avec le donneur d'ouvrage ou de faire du démarchage.

Bref, le traducteur doit pouvoir saisir exactement le message original, avec toutes ses nuances. Cela est primordial. Une fois le message bien capté, il doit bien le restituer dans la langue du récepteur, qui devrait idéalement être sa langue maternelle. Il doit donc aussi maîtriser parfaitement la langue d'arrivée, le français.

Pour **comprendre** le texte en langue de départ, le traducteur doit **savoir lire**. Pour **faire comprendre** le message émis, il doit **savoir rédiger**.

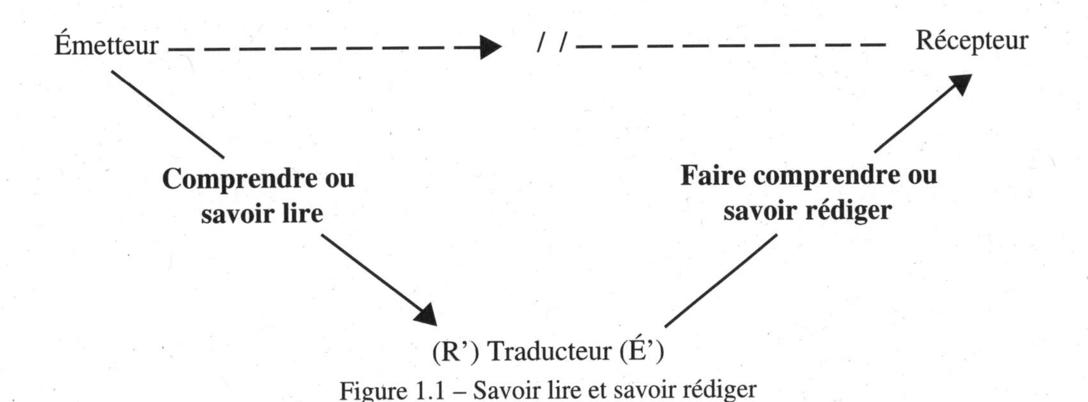

Figure 1.1 – Savoir lire et savoir rédiger

Savoir lire et savoir rédiger sont donc les deux compétences que doit maîtriser le traducteur s'il veut jouer adéquatement son rôle d'intermédiaire. C'est d'ailleurs ce qui fait dire à Delisle que traduire est « un art de réexpression fondé sur les techniques de rédaction et sur la connaissance préalable de deux langues[1] ».

1 CONNAÎTRE LES LANGUES EN CAUSE : UN PRÉALABLE

Le savoir-lire et le savoir-rédiger exigent, nous venons de le dire, une bonne connaissance de l'anglais, langue de départ, et du français, langue d'arrivée. De plus, la connaissance de ces langues doit être complétée par la connaissance de leurs différences sur tous les plans : lexical, grammatical, syntaxique, stylistique, etc., sans quoi le texte d'arrivée risque fort d'être composé de mots français mais structuré à l'anglaise.

Voyons d'abord comment *Le Petit Robert* définit la langue :

> Ensemble de sons et de signes **conventionnels codifiés** peu à peu par l'**usage**, qui constitue un système d'expression et de communication commun à un groupe social (communauté linguistique).

Dans cette définition, nous soulignons les mots-clés qui devront régir votre apprentissage. Si le mot « livre », par exemple, désigne pour chacun de nous la même réalité, c'est que nous nous sommes entendus sur l'acception de ce mot, nous avons convenu que ce signe désignerait cette réalité. Il y a donc eu convention entre les usagers, et pour que cette convention et toutes les autres soient respectées par tous, on les a réunies, on les a codifiées. Mais une convention n'est jamais imposée[2], elle s'impose. Elle est le fruit d'un consensus tacite entre usagers. Par conséquent, la langue n'appartient pas aux linguistes, elle appartient aux usagers. C'est l'usage qui prime. Ce n'est pas sans raison que Maurice Grevisse a intitulé sa grammaire *Le bon usage*. Les règles qui s'y trouvent reflètent ce que l'usage sanctionne, autrement dit ce que la plupart des gens font. Cependant, certains auteurs, parmi les plus grands, s'écartent des règles, de

1. J. DELISLE, *L'analyse du discours comme méthode de traduction*, Ottawa, Éditions de l'Université d'Ottawa, 1984, p. 16.

2. Il arrive que des organismes gouvernementaux, comme l'Office de la langue française (OLF), au Québec, ou des commissions ministérielles de terminologie, en France, recommandent l'usage de certains termes. Recommandation n'est pas nécessairement synonyme d'acceptation. Il suffit de se rappeler le sort réservé à « hambourgeois », terme proposé pour remplacer « hamburger ». Pour en savoir plus sur l'impact des décisions prises par les commissions ministérielles, voir Loïc DEPECKER (dir.), *La mesure des mots. Cinq études d'implantation terminologique*, Rouen, Publications de l'Université de Rouen, 1997.

l'usage. Grevisse le mentionne, sans jamais dire que Mauriac ou Gide, par exemple, ne savent pas écrire. Il précise plutôt qu'ils s'écartent de la norme.

1.1 Les codes

Vous, en tant que traducteur, devez respecter les diverses conventions, les divers codes de la langue française, qui est la langue d'arrivée. Vous devez la maîtriser, ce qui pourra exiger beaucoup d'efforts. Si vous n'êtes pas prêt à fournir les efforts nécessaires, vous risquez de compromettre vos chances de réussite. Comme le dit si bien J. Hamburger :

> La langue française n'est pas une femme facile : avant de leur dévoiler ses beautés multiples, elle exige de ses soupirants un grand effort, leur tend mille pièges, leur présente de faux amis, les plonge dans l'embarras orthographique, leur fait croire qu'on peut en prendre à son aise avec elle alors qu'elle exige d'eux un aveugle respect. Mais ceux qui sont enfin acceptés parmi les amoureux élus ont droit à de grandes récompenses. Je ne veux pas seulement parler des plaisirs désormais offerts : le plaisir de jouer avec des mots innombrables, des nuances insensibles, des variations sans fin dans la forme des phrases, dix façons différentes de ne pas dire la même chose, ou encore la découverte de rythmes qui n'ont rien à envier à la musique. Il y a plus inattendu : la maîtrise du langage ouvre de nouvelles portes dans la maîtrise de la pensée[3].

Quels sont donc ces codes? Où sont-ils consignés?

1.1.1 Le code orthographique

Le code orthographique précise comment écrire un mot, ce que vous trouverez dans les dictionnaires. Cela ne signifie pas pour autant que tous les dictionnaires proposent la même orthographe; ils présentent certaines divergences. Le Conseil international de la langue française (CILF) s'est d'ailleurs penché sur ce problème, voilà quelques années, et a publié le résultat du consensus obtenu[4].

Il est de coutume de distinguer l'orthographe d'usage de l'orthographe grammaticale. La première touche la graphie usuelle des mots; la seconde, la graphie des mots selon la fonction qu'ils occupent dans la phrase. Une erreur du second type révèle une carence d'ordre grammatical.

3. J. HAMBURGER, *Introduction au langage médical*, Paris, Flammarion Médecine-Sciences, 1982, p. 7.

4. CONSEIL INTERNATIONAL DE LA LANGUE FRANÇAISE, *Pour l'harmonisation orthographique des dictionnaires*, Lille, France, CILF, 1988.

Le traducteur, lui, n'a aucun pouvoir sur l'orthographe; il doit se conformer aux usages consignés dans les dictionnaires. Idéalement il consulte une édition récente, car, dans des langues vivantes comme l'anglais et le français, de nouveaux mots apparaissent et les sens évoluent. Ainsi, l'adjectif « drastique » qui était, auparavant, réservé à un purgatif, à un laxatif, se dit aujourd'hui d'une mesure, d'une réforme; il est donc en concurrence avec « draconien ». Le traducteur doit être à la page, il doit évoluer avec la langue.

Mais le dictionnaire de langue générale ne doit pas servir uniquement à vérifier l'orthographe des mots. Il renferme bien des renseignements pour qui sait, évidemment, l'utiliser[5]. Il faut, dès le départ, en lire la préface.

1.1.2 Le code grammatical

Le code grammatical précise comment produire des énoncés qui respectent l'usage. Les règles qui régissent ce code sont consignées dans les grammaires. *Le bon usage*[6] est, de toutes les grammaires, la plus complète. Comme la langue évolue, vous devriez avoir recours à une édition récente.

1.1.3 Le code de la ponctuation

La ponctuation fait partie de la grammaire. Toutefois, nous croyons nécessaire de la traiter à part parce que son étude, comme celle des prépositions, est trop souvent négligée. C'est pourquoi les apprentis traducteurs se doivent souvent de l'apprendre. Les règles de ponctuation se trouvent donc dans les grammaires, mais il existe d'autres ouvrages[7] plus faciles à consulter. Ainsi, J.-P. Colignon présente, à la fin de chaque chapitre du livre intitulé *Un point, c'est tout!*, la règle typographique concernant le signe de ponctuation abordé.

5. A. LE ROY DES BARRES, *Utiliser dictionnaires et encyclopédies*, Paris, Hachette, 1993, 224 p.; R.P. ROBERTS, « Translation Pedagogy: Strategies for Improving Dictionary Use », *TTR*, vol. 5, n° 1, 1992, p. 49-76.

6. M. GREVISSE, *Le bon usage*, 13e édition, refondue par A. GOOSSE, Paris et Louvain-la-Neuve, Duculot, 1993.

7. J.-P. COLIGNON, *Un point, c'est tout! La ponctuation efficace*, Montréal, Éditions du Boréal, 1993, 119 p.; A. DOPPAGNE, *La bonne ponctuation. Clarté, précision, efficacité de vos phrases*, 2e édition, Paris et Louvain-la-Neuve, Duculot, 1984.

1.1.4 Le code typographique[8, 9]

Le code typographique, établi par les typographes, dicte la façon de présenter le texte. Il traite, entre autres, de l'écriture des nombres, de l'utilisation des majuscules[10], de l'italique, des signes de ponctuation[11] et de la présentation des citations. Il est consigné, parfois avec quelques divergences, dans les guides de rédaction.

Ces codes sont des conventions que vous devez maîtriser parfaitement. Consacrez-y le temps qu'il faut. N'oubliez pas que, à la fin de vos études, vous voudrez être considéré comme un spécialiste, un professionnel. Et un spécialiste maîtrise ses outils de travail.

Pour vérifier si vos compétences sont celles que l'on attend d'un traducteur, faites les exercices 3 et 4. Le premier porte sur l'ensemble des codes; le deuxième, exclusivement sur la ponctuation. Si le résultat obtenu laisse à désirer, approfondissez l'étude de ces codes.

---

8. BUREAU DE LA TRADUCTION, *Le guide du rédacteur*, 2e édition, Ottawa, Travaux publics et Services gouvernementaux Canada, 1996.
9. A. RAMAT, *Le Ramat de la typographie*, Montréal, Aurel Ramat, 1999.
10. A. DOPPAGNE, *Majuscules, abréviations, symboles et sigles. Pour une toilette parfaite du texte*, Paris et Louvain-la-Neuve, Duculot, 1991.
11. Voir à l'annexe 2 les espacements généralement prescrits avant et après les divers signes de ponctuation et signes typographiques.

EXERCICE 3

MAÎTRISE DES DIVERS CODES

Directives : Chacune des phrases suivantes renferme au moins une erreur. Ces erreurs contreviennent à l'un des quatre codes mentionnés précédemment. Justifiez vos corrections.

1. Par exemple, on pourrait s'attendre à ce qu'à l'université les objectifs soient non seulement reliés à la connaissance et à la compréhension, mais également à l'application, l'analyse, la synthèse et au jugement critique.
2. Pour que l'unité acquiert un sens, il lui faudra s'insérer dans un processus de communication.
3. Avant qu'il ait fini son travail, mais après qu'il eût terminé son entraînement, Mike s'est reposé.
4. Bien qu'étant liées, on voit que ces deux classifications ne sont pas équivalentes.
5. Le peu d'efforts qu'il a faits expliquent son échec à l'examen.
6. Ni l'un ni l'autre ne remporteront le prix.
7. Le français, comme l'anglais, possèdent des mots d'origine latine.
8. Ne pas réfrigérer ce produit ou le congeler.
9. Les ukrainiens et ces touristes manitobains parlent le même langage.
10. C'est moi qui, hier matin, a été le premier étudiant à remettre son travail de session.
11. Comme plusieurs d'entre vous le savez déjà, les discussions entre le syndicat et l'employeur n'ont pas donné les résultats prévus.
12. Nous avons vu 2 exemples de ce phénomène. Pour terminer, citons en un troisième.
13. La silice, un composé de silicium et d'oxygène, ne renferme pas de molécules distinctes de SiO_2, mais plutôt un réseau de tétraèdres de SiO interreliés.
14. Même sans avoir mangé, le taux de sucre d'un diabétique augmente.
15. Cela est à la portée même de ceux que la chance n'a pas mis tous jeunes en contact avec des langues étrangères.

16. Le fermier avait mis dans son chariot certains légumes qu'il voulait vendre au marché : carottes, échalotes, rutabagas, choux-de-Bruxelles, brocolis etc....
17. On constate qu'en se référant à un dictionnaire bilingue, le traducteur est influencé par les correspondances proposées dans l'autre langue, même si elles appartiennent à des registres ou des domaines différents.
18. Pierre a mangé les deux pommes qui se trouvaient dans le panier et les deux poires qui se trouvaient sur la table n'ont pas été touchées.
19. La pédagogie de la traduction ne consiste pas, nous l'avons vu, à donner des recettes prêtes à être appliquées mais à amener les étudiants à raisonner eux-mêmes logiquement et trouver des solutions aux problèmes auxquels ils se heurtent.
20. La température du corps humain est 37°C (ou 98.6 ° F).

EXERCICE 4

MAÎTRISE DU CODE DE LA PONCTUATION

Directives : En vous servant de l'ouvrage de Colignon, *Un point, c'est tout!*, corrigez, s'il y a lieu, la ponctuation du texte suivant. Nous l'avons reproduit tel qu'il a été publié.

LA TRADUCTION SIMULTANÉE

LE PROCESSUS

La traduction simultanée[1] fait ses débuts historiques au procès de Nuremberg en 1945 où accusés et accusateurs parlaient 4 langues différentes. Avant même la 2e guerre mondiale la firme IBM avait semble-t-il pris un brevet pour l'installation téléphonique qu'implique le procédé mais celui-ci ne prit réellement son essor que lorsqu'il fut adopté par les Nations Unies vers la fin des années 40. De là, il fit tache d'huile et aujourd'hui il est couramment utilisé dans toutes les réunions internationales; la Communauté Européenne par exemple a sept langues de travail officielles et emploie chaque jour près de deux cents interprètes simultanés.

L'invention de la simultanée reposait sur l'idée simpliste que quiconque savait 2 langues et avait l'esprit agile était capable de dire dans une langue les mots qu'il entendait dans l'autre. Dans la pratique, il s'est bien vite avéré que lorsque l'interprète se bornait à transcoder de la sorte, sa version était marquée par des interférences multiples de la langue traduite : faux amis, homophones, constructions syntaxiques aberrantes, faux-sens dus à la polysémie, etc. Le transcodage, ne tenant pas compte du sens des messages, est pratiquement inintelligible et donc de peu d'utilité pour les auditeurs.
[...]

1. Dans la pratique, les professionnels font une distinction entre la traduction, exercice écrit et l'interprétation, exercice oral. Pour l'analyse théorique, il semble plus fécond d'effectuer une distinction différente : nous appliquons le terme de *traduction* à l'ensemble des exercices, oraux ou écrits, qui visent à faire passer le contenu d'un texte ou d'un discours dans un autre texte ou discours, quelles que soient les modalités spécifiques de ces opérations; par contre les opérations que l'on classe habituellement dans la traduction alors qu'elles visent uniquement à établir des équivalences entre deux langues, nous les appellerons *transcodage* car elles portent plus sur le code que sur le message.

1.2 Les différences de codes en anglais et en français

Les codes dont il vient d'être question concernent la langue d'arrivée, c'est-à-dire le français. L'anglais, langue de départ, a lui aussi ses contraintes, qui ne sont pas nécessairement les mêmes. Les différences concernent l'orthographe, la ponctuation, la grammaire et la typographie, ainsi que le style et la culture[12].

Comme votre fonction de traducteur consiste à écrire en français un message émis en anglais, vous devez bien maîtriser toutes ces différences pour ne pas écrire à l'anglaise. C'est la compétence que vous devriez avoir acquise dans les cours où sont abordées, entre autres, la lexicologie comparée, la grammaire comparée et la stylistique comparée.

Par l'intermédiaire du texte proposé à l'exercice 5, nous cherchons à vous sensibiliser à certaines des différences de codes qui existent en anglais et en français. Nous n'avons pas la prétention de couvrir tous les aspects différentiels. Nous cherchons simplement à vous faire prendre conscience de certains domaines où les deux langues ont recours à des conventions différentes pour régir tant la forme que le fond.

12. Vous trouverez à l'annexe 3 quelques livres et articles traitant des différences de codes et que vous auriez avantage à consulter.

EXERCICE 5

DIFFÉRENCES DE CODES EN ANGLAIS ET EN FRANÇAIS

Directives : Traduisez cette courte lettre en prenant bien soin de respecter les codes en vigueur en français. Dites-vous bien que les différences qui existent entre les deux langues ne se limitent pas aux seules catégories rencontrées ici.

Ottawa, May 10, 1998

Mr. John Davidson
112 Poplar St.
St. Elsewhere, Alberta
Canada
L0H 0H0

Dear John:

Firstly, I would like to apologize for my delayed response. The reason is very simple: the infamous Java virus had me flat on my back for 10 days with a fever of 102°F. Although I've lost 10 pounds in the process, I am fortunately back to normal.

I have resumed work again on my book and intend to meet the December publication deadline. I am far enough along in the job to allow myself two weeks vacation this year. I am thinking of renting a cottage in the Thousand Islands area, near Gananoque, about 150 miles from here. I plan to read the books that I bought recently (particularly a 1,200-page volume on the history of the English language) and listen to music to my heart's content. Speaking of music, there is a piano concerto in B flat major coming out, by Rémi Doré, that I heard on the CBC last week. Interesting.

Your suggested collaborative project is of great interest to me, though I would ask for several days to think about it, because I will have to integrate this project with all my other activities. As you well know, they are quite numerous, so I try not to forget the proverb: "Grasp all, lose all."

Yours truly,

Peter

P.S. By the way, are you still making your wine? Last year I made about 8 gallons, but of only one kind. We could perhaps join forces, allowing us some variety in our production. What do you think?

2 COMPRENDRE OU SAVOIR LIRE

Nous ne le répéterons jamais assez : pour pouvoir traduire correctement, le traducteur doit **comprendre** le texte qu'il a à traduire. Pour ce faire, il sentira sans doute le besoin de se documenter sur le sujet ou de consulter ses dictionnaires; là encore, il devra comprendre ce qu'il lit, sinon ses recherches documentaires seront vaines. Dans tous les cas, le traducteur doit **savoir lire** correctement un document pour être en mesure de le comprendre.

2.1 Le processus de compréhension en lecture[1]

Comprendre ce qu'on lit est un processus complexe qui traite l'information présentée dans un texte. Comme le dit A.-J. Deschênes, il ne s'agit pas « d'un processus **passif** d'encodage mnésique des lettres, des mots, des phrases ou des sons, mais d'une **activité** mentale multidimensionnelle dont le but est la construction d'une représentation sémantique de ce qui est dit ou écrit. Les informations sont donc transformées, sélectionnées et réorganisées pour construire une structure mentale identique ou semblable à celle que désirait transmettre l'auteur du texte[2]. »

2.2 Les facteurs de la compréhension

Quels sont les facteurs qui interviennent dans la compréhension d'un texte? On en reconnaît généralement trois : le **contexte**, le **texte** et le **lecteur**.

2.2.1 Le contexte

Nous appelons contexte l'ensemble des circonstances dans lesquelles la lecture est effectuée, « circonstances » étant ici pris dans le sens de condition. Les questions qui suivent concernent les conditions aussi bien physiques que sociales, et même personnelles ou psychologiques, dans lesquelles l'acte de lecture est posé. Leur énumération n'est pas exhaustive.

---

1. J. GIASSON, *La compréhension en lecture*, Boucherville, Gaëtan Morin Éditeur, 1990; L. VILLENEUVE, *Des outils pour apprendre*, Montréal, Éditions Saint-Martin, 1991.

2. A.-J. DESCHÊNES, *La compréhension et la production de textes*, Québec, Presses de l'Université du Québec, 1988, p. 15. (C'est nous qui soulignons.)

- Questions portant sur les conditions physiques :

  – Êtes-vous bien installé?
  – Êtes-vous bien assis?
  – L'éclairage est-il adéquat?
  – L'endroit est-il surchauffé?
  – L'endroit est-il bruyant?
  – La qualité du document que vous lisez est-elle bonne (grosseur des caractères, bonne photocopie)?

- Questions portant sur les conditions sociales :

  – Y a-t-il des amis autour de vous?
  – Travaillez-vous seul ou en équipe?

- Questions portant sur les conditions personnelles ou psychologiques :

  – Avez-vous des problèmes qui risquent de vous distraire?
  – Êtes-vous pressé par le temps?

Si vous avez répondu par l'affirmative à l'une ou à l'autre de ces questions, le contexte n'est pas propice à une lecture efficace. Vous prêterez donc une attention toute particulière aux divers facteurs pouvant influer sur la qualité de la compréhension, sur votre capacité de concentration.

2.2.2 Le texte

Dire que le texte intervient dans la compréhension, c'est dire qu'il faut saisir l'intention du texte, sa structure, sa teneur. Le texte à lire – car il faut lire avant de traduire – a été produit par quelqu'un dont le bagage culturel et linguistique est fort probablement différent du vôtre. Cette réalité n'est pas sans jouer sur la compréhension que vous aurez de son texte.

2.2.2.1 Le but visé

Si l'auteur aborde un sujet, c'est qu'il a quelque chose à faire passer, à communiquer à son lecteur. Il cherche généralement à agir sur lui. Il peut vouloir modifier :

- ses **connaissances** (c'est ce qu'il fait quand il produit un texte informatif, que le destinataire soit le grand public ou un groupe d'initiés);

- ses **émotions** (c'est ce qu'il fait quand il produit un texte narratif ou poétique);
- ses **comportements** (c'est ce qu'il fait quand il produit un texte directif, incitatif ou publicitaire).

Quand vous lirez un texte à traduire, il vous faudra bien cerner l'objectif que s'est fixé l'auteur, car il aura eu recours, pour y arriver, à des moyens qui sont en conformité avec l'objectif visé (voir la section 3.1).

2.2.2.2 Le fond

Ce que veut communiquer l'auteur doit être présenté d'une manière telle que l'**idée développée** puisse être dégagée facilement. Vous devez pouvoir résumer le texte ou le paragraphe, sinon vous n'avez pas saisi l'idée de l'auteur. Un texte qui ne se laisse pas facilement saisir pose un problème au lecteur et, par conséquent, au traducteur. Nous verrons plus loin toute l'importance de l'unité dans le paragraphe et dans le texte (voir la section 7.2).

2.2.2.3 La forme

Selon le but visé, l'auteur a recours à des procédés linguistiques différents et articule ses idées en conséquence. Par exemple, il mettra ou ne mettra pas de sous-titres, de tableaux, de figures, etc.

Pour être compréhensible, un texte doit être bien structuré. Le lecteur, quant à lui, doit, si le texte est bien structuré, pouvoir établir :

- la pertinence de chaque paragraphe en fonction de l'idée générale;
- la pertinence de chaque phrase d'un paragraphe en fonction de l'idée de ce paragraphe (cohérence, fil conducteur, unité);
- la pertinence de chaque mot d'une phrase (choix de mot) en fonction de l'idée de cette phrase.

Nous verrons dans la troisième partie les éléments importants du texte, ainsi que l'importance de la cohérence dans le paragraphe et dans le texte (voir la section 7.3).

2.2.2.4 La difficulté

Inévitablement lorsque vous aurez à traduire des textes, il vous arrivera d'en trouver qui soient difficiles. Mais saurez-vous dire ce qu'est un texte difficile? Est-ce que la difficulté est une propriété intrinsèque du texte même? **Non.** Si c'était le cas, un même texte serait difficile pour tout lecteur. Or, tel n'est pas le cas. Un texte de mécanique quantique, par exemple, ne pose aucune difficulté à un physicien, mais il en pose une énorme à un littéraire.

La difficulté d'un texte dépend en fait de l'inadéquation entre les connaissances que l'auteur présuppose chez le lecteur et les connaissances réelles de celui-ci. Pour arriver à comprendre un texte, le lecteur doit pouvoir combler les vides laissés par l'auteur, d'où l'importance d'une grande culture. Si le lecteur n'y arrive pas, le texte demeurera difficile; si, au contraire, il y arrive par son travail, le texte s'éclairera tout à coup, et il ne lui semblera plus aussi difficile qu'au départ.

Pour certains, un texte est difficile s'il exige du travail. Si vous voyez les choses de cette façon, la traduction ne vous convient peut-être pas. Car tout texte exige du travail : si ce n'est sur le plan du contenu, c'est sur le plan de la reformulation.

2.2.3 Le lecteur

Le lecteur comprendra bien le texte si

ce qu'il **a**,
ce qu'il **est**
et
ce qu'il **fait**

correspond bien à la tâche qu'il veut effectuer.

Autrement dit, chez le lecteur, le degré de compréhension du texte dépend :

- de ses **connaissances**;
- de ses **motivations**;
- de ses **habiletés**.

2.2.3.1 Ses connaissances

La compréhension d'un texte, chez un lecteur-traducteur, dépend, en tout premier lieu, de la **connaissance** qu'il a des langues en cause.

> Ce n'est pas, me semble-t-il, en essayant d'intéresser à la grammaire, à la syntaxe, à la terminologie et à la rédaction-traduction des jeunes qui, jusque-là, semblent s'en être peu souciés, qu'on arrivera à en faire des traducteurs. Il faut aussi que les étudiants aient acquis déjà le goût et l'habitude de la lecture, et le bagage culturel et linguistique qui en résulte. J'ai peine à croire qu'on puisse fabriquer des traducteurs *ex nihilo*, ou à peu près[3] !

Elle dépend aussi de sa **connaissance du monde**, en d'autres mots, de sa culture générale. Pour bien comprendre un texte, le lecteur doit pouvoir établir des ponts entre ce qu'il apprend dans le texte qu'il lit et ce qu'il sait déjà. C'est donc dire que plus ses connaissances antérieures seront vastes et que meilleure sera sa culture générale, plus le texte sera transparent. Le lecteur cultivé pourra sans difficulté – ou avec moins de difficulté qu'un autre – intégrer les nouvelles connaissances à celles qu'il possède déjà.

> *In fact reading comprehension involves the construction of ideas out of preexisting concepts. A more correct statement of the role of background knowledge would be that comprehension is the use of prior knowledge to create new knowledge. Without prior knowledge, a complex object, such as a text, is not just difficult to interpret; strictly speaking, it is meaningless*[4].

Voici un court texte qui révèle très clairement l'importance de la culture générale du lecteur et, par voie de conséquence, du traducteur :

> *Sushi barred?*
>
> *The latest Don Quixote to joust with the Rice Curtain, Japan's barrier to offshore grain imports, is Osaka's Fujio Matsumoto. His 44 Sushi Boy restaurants serve the popular dish at bargain prices. Matsumoto wants to cut charges further by importing 100,000 pieces of frozen sushi from California, wrapped in cheap American rice. The Japanese government must decide whether the entrée is a creation unto itself, allowing it to circumvent the strict trade barrier, or a sly combination of raw fish and the very much forbidden U.S. rice.*

---

3. J. FLAMAND, *Écrire et traduire. Sur la voie de la création*, Ottawa, Éditions du Vermillon, 1983, p. 91-92.

4. M. ADAMS et B. BRUCE, « Background Knowledge and Reading Comprehension », dans *Reader Meets Author/Bridging the Gap*, J.A. Langer et M. Trika Smith-Burke (dir.), Newark, Delaware, International Reading Association, 1982, p. 22-23.

Pour bien comprendre ce court texte, le lecteur doit faire preuve de connaissances, connaissances que l'auteur du texte présuppose chez son lecteur. Il pourrait difficilement en être autrement, car ce serait admettre que l'auteur écrit en étant assuré de ne pas être compris. Ce scénario est pour le moins improbable, vous en conviendrez. Saurez-vous alors répondre aux questions suivantes?

1. Qui est *Don Quixote*?
2. Pourquoi l'auteur fait-il une telle comparaison?
3. Comment expliquer le choix de *to joust*?
4. À quoi fait référence *Rice Curtain*?
5. Est-ce un syntagme figé?
6. Existe-t-il d'autres syntagmes construits de la même façon? Que signifient-ils?
7. Comment traduire *grain* dans *grain imports*?
8. Comment découper *Osaka's Fujio Matsumoto*? Que désigne chacun des trois mots?
9. Qu'est-ce qu'un sushi?
10. Sachant ce qu'est un sushi, pouvez-vous dire si l'auteur a raison d'écrire *wrapped in cheap…*?
11. Qu'est-ce qu'une *entrée*? Est-ce la même chose en français?
12. Est-ce que *American rice* désigne une sorte de riz? Connaissez-vous des types de riz?
13. Faut-il prendre le titre dans son sens littéral? Sinon, quelle est l'allusion faite par l'auteur?

Si vous ne pouvez répondre à ces questions, vous pouvez toujours essayer de traduire les mots. Mais que vaudra alors la traduction? (Voir la section 4.)

2.2.3.2 Ses motivations

La bonne compréhension d'un texte dépend de la motivation du traducteur à lire aussi bien le texte qu'il veut traduire que les documents à consulter pour réussir dans sa tâche. Le degré d'intérêt du traducteur se manifeste dans les réponses qu'il fournit aux quelques questions suivantes :

- Aimez-vous lire?

  Si vous n'aimez pas lire, il vaut peut-être mieux songer à vous réorienter, car cette activité est omniprésente dans le travail du traducteur.

- Avez-vous toujours le goût de lire?

  Même si cela n'est pas toujours facile, il le faudrait néanmoins. Quand vous vous apprêtez à traduire, il vous faut avoir le goût de lire à ce moment particulier.

- Avez-vous toujours le goût de lire, peu importe la nature du texte?

  Il vous arrivera d'avoir à vous documenter sur un sujet à un moment qui ne sera pas toujours le plus propice. Pourtant, vous devrez le faire!

- Avez-vous, en lecture, des goûts éclectiques?

  Dans l'exercice de la profession, vous serez certainement appelé à traduire des textes divers relevant soit de disciplines différentes, soit d'un même champ de spécialisation. Dans un cas comme dans l'autre, vous devrez lire sur différents sujets et y trouver du plaisir.

2.2.3.3 Ses habiletés

Pour bien comprendre un texte, le lecteur doit mettre en œuvre certaines habiletés. Il doit notamment :

- saisir les éléments explicites porteurs de sens et se pencher sur le sens des mots, la valeur des mots charnières, la nature des référents, la valeur des signes de ponctuation, etc.;
- inférer les relations implicites. La compréhension sera d'autant meilleure que le lecteur sera capable d'élaborer un schéma cohérent, se fondant pour y arriver soit sur le texte lui-même, soit sur ses connaissances générales. Il devra modifier son schéma au fur et à mesure que d'autres éléments informatifs viendront s'ajouter, et cela jusqu'à ce que le texte ait du sens (voir l'annexe 4);
- saisir l'intention de l'auteur. Généralement celui qui écrit un texte veut rejoindre son lecteur, lui communiquer un message, agir sur lui. Il peut vouloir agir sur ses émotions (texte poétique, narratif), sur ses connaissances (texte informatif) ou encore sur son comportement (texte incitatif, publicitaire);
- résumer chaque paragraphe du texte qu'il lit et faire une synthèse de tout le texte;

- analyser le texte : les mots d'abord, les phrases ensuite, les paragraphes enfin, avant de revoir tout le texte;
- se servir, comme source documentaire, du texte qu'il lit ou qu'il a à traduire pour clarifier certains passages.

Voilà autant de points sur lesquels nous nous attarderons plus loin.

Résumé

Si le lecteur fait appel à ces habiletés, s'il est vraiment motivé et s'il a une bonne connaissance des langues et une bonne culture générale, la compréhension d'un texte ne lui posera pas de difficultés sérieuses.

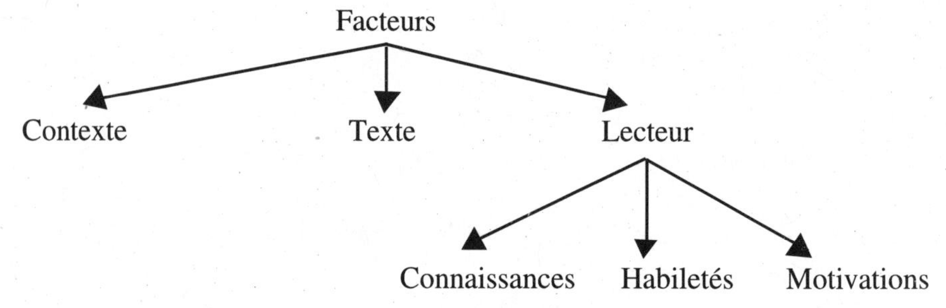

Figure 2.1 – Les facteurs de la compréhension

Si l'on représentait par un cercle chacune des variables qui interviennent dans le processus de compréhension en lecture, à savoir le **contexte**, le **texte** et le **lecteur**, le degré de compréhension d'un texte serait proportionnel à l'aire de recouvrement de ces trois cercles. Autrement dit, plus ces variables se chevauchent, meilleure est la compréhension du texte.

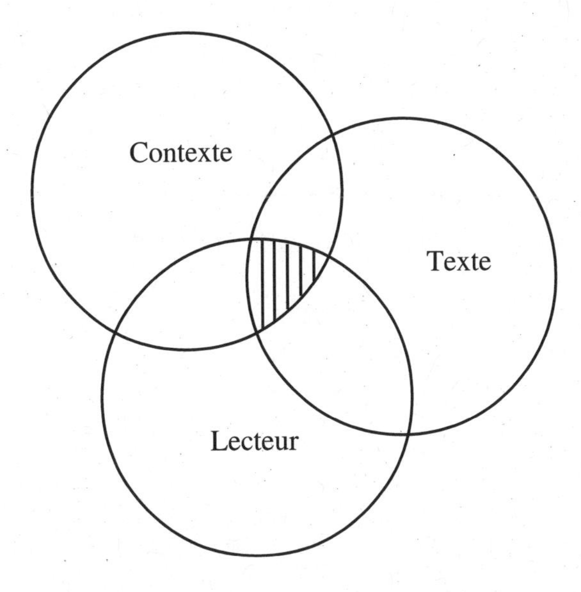

Figure 2.2 – Le degré de compréhension

En résumé, voici ce qui devrait vous préoccuper en tant qu'apprenti traducteur.

Suis-je conscient :

- des limites de mes ressources intellectuelles (**connaissances**) et psychologiques (**motivations**)?
- des exigences de ma future tâche?
- des stratégies utiles pour résoudre mes difficultés (**habiletés**)?

Il me faut savoir :

- quand je ne comprends pas;
- ce que je ne comprends pas;
- ce dont j'ai besoin pour comprendre le texte;
- quoi faire quand je ne comprends pas.

3 FAIRE COMPRENDRE OU SAVOIR RÉDIGER

Pour bien jouer son rôle d'intermédiaire, le traducteur doit, nous venons de le voir, être un très bon récepteur. Il sera incapable de traduire un texte s'il ne le comprend pas. Il doit donc savoir lire, aussi bien le texte de départ que la documentation pertinente, et savoir consulter les dictionnaires, généraux ou spécialisés. Mais son rôle ne se limite pas à celui de récepteur. Le traducteur doit aussi être émetteur, car ce qu'il a bien compris, il doit maintenant le **faire comprendre**. Cela veut donc dire qu'il doit **savoir rédiger**.

Dans les faits, que signifie savoir rédiger? Cela signifie pouvoir : choisir le **mot** juste; écrire une **phrase** qui respecte la syntaxe et qui soit porteuse de sens, donc une phrase qui soit grammaticale et sémantique; écrire un **paragraphe** qui ait les caractéristiques généralement admises d'un bon paragraphe, à savoir l'unité et la cohérence; assembler les paragraphes en un tout cohérent qui justifie le titre du texte, le tout devant rendre compte du **message** contenu dans le texte de départ. Les éléments importants dont il vient d'être question, soit le mot, la phrase et le paragraphe, sont l'objet de la troisième partie du présent manuel.

Le texte d'arrivée, celui que vous produirez dans l'exercice de votre profession, n'existe que parce qu'il y a un texte de départ. Il en dépend. Mais en dépend-il totalement? Le traducteur doit-il se soumettre à tous les aspects du texte de départ ou a-t-il une certaine marge de manœuvre? C'est ce que nous allons voir sous les rubriques « La servitude » et « La latitude ».

3.1 La servitude

3.1.1 LA NATURE DU TEXTE

La nature de votre texte dépend de celle du texte de départ. C'est ce qu'on appelle la servitude. Si, après la lecture du texte de départ, vous jugez qu'il s'agit d'un texte argumentatif, vous devrez rédiger, en français, un texte argumentatif. S'il s'agit d'un texte descriptif ou incitatif, vous devrez rédiger un texte descriptif ou incitatif, etc.

Prenons, comme exemple, l'extrait suivant, qui provient d'un catalogue destiné aux établissements de santé, et sa traduction. Il y est question d'articles permettant de distribuer des repas chauds aux patients :

Serve patients hot soups and beverages in single-service or reusable insulated bowls and mugs. Both assist in portion control, while presenting an eye-appealing meal to the patient.	Servez aux malades de la soupe et des boissons chaudes dans des bols et des tasses isolés de types jetable ou durable. Il vous sera plus facile d'établir les portions et les malades trouveront plus attrayante la présentation des repas.

Si le traducteur avait bien senti que la société faisait la promotion de ses produits, il aurait fort probablement rédigé son texte différemment. La lecture de cette traduction nous donne l'impression que la société nous invite à servir aux patients de la soupe. En fait, le texte cherche à inciter les clients – en l'occurrence, les établissements de santé – à acheter les bols pour servir la soupe. Voici une traduction fonctionnelle :

> Pour servir de la soupe ou des boissons chaudes, choisissez des bols ou des tasses thermos, jetables ou réutilisables. Vous serez plus à même d'uniformiser les portions tout en offrant aux malades des repas plus appétissants.

Dans cet exemple, même si le message fait appel aux mêmes mots, l'accent n'est pas mis au bon endroit; le point de vue est complètement différent. La nature du texte de départ crée une servitude. Le texte d'arrivée doit répondre au même objectif que le texte de départ.

3.1.2 La structure du texte

La question est de savoir si le traducteur est lié par certains éléments structuraux du texte de départ comme la longueur des phrases, le nombre de paragraphes, la longueur du texte.

3.1.2.1 La longueur des phrases

Si l'auteur du texte de départ utilise de courtes phrases, le traducteur doit-il utiliser, lui aussi, de courtes phrases? Si l'effet recherché par l'auteur est d'exprimer un certain rythme, il est clair que le traducteur doit en faire autant. Par contre, si l'auteur y a recours sans but apparent, tout simplement parce que c'est la façon de dire en anglais, le traducteur a alors le loisir de s'éloigner du style de l'auteur.

Il ne faut jamais oublier que l'anglais recourt souvent à des phrases courtes et juxtaposées et qu'il a tendance à omettre les mots charnières. Le recours aux mêmes procédés en français pourrait trahir une mauvaise compréhension du texte par le traducteur (voir la section 7.5 et l'exercice 28).

Voici un extrait dans lequel l'auteur recourt à des phrases courtes. Dans ce cas, seriez-vous porté à reproduire le style de l'auteur?

> *I knew several dowsers during my boyhood and tried my hand at dowsing, too. Dowsing is searching for underground water, oil, or minerals with a divining rod. We called such a person a "water witch." It was common to use a small forked branch of a tree or bush. Willows were choice in our neighborhood, but peach tree branches are preferred in the mountains of Georgia. The dowser grasps a branch in each hand with the fork pointing upward. As he explores the area, the tip of the fork may move downward and point to the ground. It is supposed to be attracted by an underground stream of water. I asked a high school teacher about dowsing and he gave an almost complete explanation*[1].

3.1.2.2 Le nombre de paragraphes

Si un auteur exprime son point de vue en cinq paragraphes, le traducteur doit-il, lui aussi, produire un texte de cinq paragraphes? La réponse théorique est **oui**, car, en français comme en anglais, il est de rigueur de n'avoir qu'une idée par paragraphe. C'est un des canons de la bonne rédaction.

En pratique, toutefois, il n'en est pas toujours ainsi. Il peut y avoir discordance. Dans ce cas, il y a lieu de se demander lequel des deux rédacteurs s'éloigne de la norme. Ce peut être le rédacteur du texte de départ qui, pour des raisons que lui seul connaît, a décidé de passer outre à la norme. Il se peut aussi que ce soit le rédacteur du texte d'arrivée, c'est-à-dire le traducteur, qui, pour des raisons que je vous laisse deviner, ne respecte pas la norme.

Voici un extrait[2] d'une nouvelle d'Ernest Hemingway intitulée *Hills like White Elephants*, ainsi que sa traduction par H. Robillot :

The hills across the valley of the Ebro were long and white. On this side there was no shade and no trees and the station was between two lines of rails in the sun. Close against the side of the station there was the warm shadow of the building and a curtain, made of strings of bamboo beads hung across the open door into the bar, to keep out flies. The American and the girl with him sat

De l'autre côté de la vallée de l'Èbre, les montagnes blanches s'allongeaient sur l'horizon.
Sur l'autre versant orienté au midi, il n'y avait pas un arbre et la gare se dressait en plein soleil entre deux voies de chemin de fer.
Contre le mur de la gare, se projetait l'ombre étroite du bâtiment; un rideau de perles de bambou, pour les mouches, pendait devant la porte ouverte du café.

1. D.J. INGLE, *Is It Really So? A Guide to Clear Thinking*, Philadelphia, The Westminster Press, 1976, p. 13.
2. Cité par M. BALLARD, dans *Le commentaire de traduction anglaise*, Paris, Nathan Université, 1992, p. 26.

at a table in the shade, outside the building. It was very hot and the express from Barcelona would come in forty minutes. It stopped at this junction for two minutes and went on to Madrid.

L'Américain et la jeune femme étaient installés à une table, dehors à l'ombre.
Il faisait étouffant. L'express de Barcelone arriverait dans quarante minutes. Il s'arrêtait deux minutes à cet embranchement et continuait vers Madrid.

La traduction du texte numéro 4 de l'exercice 6, extrait du roman intitulé *1984*, compte aussi plus de paragraphes que le texte original. Comment expliquer cette différence dans le nombre de paragraphes? Peut-on invoquer la même raison dans les deux cas?

3.2 La latitude

Dans son ouvrage intitulé *Structure et style*[3], Paul Horguelin écrit : « Depuis le XVIIe siècle, on enseigne que la prose française doit avoir trois grandes qualités : la concision, la clarté, la logique. »

La question qui se pose est la suivante : le texte d'arrivée doit-il présenter les mêmes défauts que le texte de départ? Ou selon une formulation plus lapidaire : *Garbage in, garbage out*? La seule réponse valable me semble être : **non**. Comme le traducteur a pour rôle de transmettre un message exprimé dans une langue incomprise par le destinataire, comment peut-il ne pas exprimer clairement le message? Il faut bien que le destinataire comprenne. Et si, pour être à la hauteur de sa tâche, il doit clarifier le texte de départ, il ne doit pas hésiter à le faire – à la condition d'avoir très bien compris le texte – s'il est évident que les compétences du rédacteur sont en cause. Le problème serait différent s'il s'agissait d'un texte littéraire ou encore d'un texte juridique, où l'imprécision peut être voulue. Mais ici, nous parlons de textes généraux.

Regardons de plus près les trois qualités d'une bonne rédaction que sont la clarté, la logique et la concision.

3. Voir les chapitres 7, 8 et 9 du livre de P. HORGUELIN intitulé *Structure et style*, Brossard, Linguatech, 1993.

3.2.1 La clarté

La clarté est certainement une qualité essentielle à la transmission efficace du message, tâche du traducteur. Boileau, dans son *Art poétique*, écrivait : « Ce que l'on conçoit bien s'énonce clairement / Et les mots pour le dire arrivent aisément[4]. »

Plus près de nous, J. Hamburger écrivait, dans la même ligne de pensée : « Chasser l'à-peu-près dans les termes, c'est peut-être – ici comme ailleurs – chasser l'à-peu-près dans la pensée[5]. »

S'il est une catégorie de texte où la clarté brille par son absence, c'est bien celle des textes de loi. En voici un exemple des plus éloquents. Si vous ne savez pas ce que désigne « salaire », ce n'est certainement pas en lisant le texte suivant que vous l'apprendrez. Ce qui, pour le commun des mortels, est la rémunération d'un travail devient, pour le législateur, tout autre chose :

> Salaire signifie le revenu calculé selon les dispositions des chapitres I et II du Titre II du livre III de la partie I de la Loi sur les impôts, à l'exception de l'article 43.3 de cette loi et de l'article 58.1 de celle-ci, lorsqu'il réfère à un montant qui doit être inclus dans ce calcul en vertu des articles 979.9 à 979.11 de cette loi, ainsi que tout autre montant versé par un employeur à un fiduciaire ou à un dépositaire, selon le cas, en vertu d'un régime d'intéressement, d'une fiducie pour employés ou d'un régime de prestations aux employés, au sens donné à ces expressions par l'article 1 de la loi.

La clarté dans l'expression tient à divers facteurs. Il faut choisir le bon mot (le terme propre, le bon sigle), éviter les constructions équivoques (déterminants, antécédents, constructions nominales, participiales et infinitives, ponctuation, place des éléments), corriger des imprécisions, savoir rédiger des phrases complexes (sinon les éviter), savoir quand expliciter un élément du texte, etc.

3.2.2 La logique

La logique consiste à assurer l'enchaînement cohérent des idées. Le traducteur doit donc prêter une attention toute particulière à l'agencement des idées et à l'articulation de l'énoncé. Nous étudierons plus loin les moyens dont dispose le rédacteur pour assurer la cohérence de son texte

---

4. BOILEAU, *L'Art poétique*, chant 1, vers 153-154.
5. J. HAMBURGER, *Introduction au langage médical*, Paris, Flammarion Médecine-Sciences, 1982, p. 7.

(voir la section 7.3). Nous aborderons aussi l'organisation interne du paragraphe : le type de déroulement et le schéma de déroulement (voir la section 7.5).

3.2.3 La concision

La concision, c'est l'art de s'exprimer avec le moins de mots possible. Pour y parvenir, le rédacteur doit éliminer les répétitions (redoublements de mots, redites, redondances, tautologies, pléonasmes), les parasites (mots inutiles, chevilles syntaxiques) et les informations non pertinentes. Il doit aussi connaître les moyens de réaliser des économies (mots courts, ellipses) et les moyens d'assurer la concision du style (constructions nominales, mises en facteur, fusion de phrases). Enfin, il doit savoir, au besoin, procéder à l'économie par l'évidence.

3.2.3.1 La justification de la concision

Cette économie dans les moyens ne doit pas aller à l'encontre de l'idée de l'auteur du texte de départ.

Prenons l'exemple suivant, tiré du même catalogue destiné aux établissements de santé, et sa traduction. On y décrit une partie du plateau de distribution des repas :

The large utility compartment holds flatware, napkins, multiple beverages, seasoning kits and other condiments.	Le grand compartiment peut recevoir couvert, serviette, boissons, assaisonnements.

Le traducteur a décidé de couper dans le texte, de ne pas traduire *utility, multiple*, ni *other condiments*. La question est de savoir s'il a coupé dans le gras ou dans le vif.

En ne précisant pas qu'il s'agit du compartiment à *utility*, le traducteur, à la limite, laisse à penser que le « grand compartiment » est celui qui est normalement réservé au plat principal, ce qui est évidemment faux. En ne traduisant pas *multiple*, il laisse croire qu'il s'agit uniquement de thé ou de café. En fait, il peut tout aussi bien s'agir de lait, de jus, de boissons gazeuses. Enfin, se limiter à *seasoning kits* et ne pas traduire *other condiments* amène le lecteur à conclure qu'il ne s'agit que des sachets de sel et de poivre. Or, l'auteur veut insister sur la capacité de logement du compartiment. Il est donc essentiel de préciser tout ce qu'il est possible d'y placer : sachets de vinaigre, de ketchup, etc. Bref, l'économie dont a fait preuve le traducteur ne se justifie pas.

Il n'en est toutefois pas toujours ainsi. Prenons un autre exemple et sa traduction :

The College agrees to pay to ICPM $214,000 in US dollars at the conclusion of each entering class four-year course of instruction, so that, commencing with the conclusion of the fourth year of instruction of the first entering class, and regularly thereafter, upon completion of the fourth year, for each succeeding class, there shall be paid by the College to ICPM US $214,000. [64 mots]	L'Institution accepte de verser à l'ICPM, à la diplomation de chaque cohorte, une somme de 214 000 $US. [18 mots]
The College agrees to pay ICPM following billing, the sum applicable to the costs for the current academic year, the sum being paid in two equal instalments, one on December 1, the other on May 1 of the academic year in question. [42 mots]	L'Institution convient de payer à l'ICPM, sur facturation, en deux versements égaux, effectués les 1er décembre et 1er juin, la somme applicable aux coûts pour l'année universitaire en cours. [29 mots]

Ici, le traducteur n'a pas coupé dans l'essentiel, même s'il s'est fait demander par le donneur d'ouvrage s'il n'avait pas oublié de traduire des segments étant donné la brièveté de sa traduction (18 mots contre 64 mots; 29 contre 42). Il a fait preuve de concision.

3.2.3.2 La longueur des traductions

On entend souvent dire qu'une traduction française est obligatoirement plus longue que le texte anglais de départ. On parle alors de foisonnement. Selon certains, le degré de foisonnement peut atteindre 30 %, voire 40 %. Il y a lieu de se demander si le foisonnement ne tient pas en partie à l'incapacité des traducteurs d'être concis.

Pour connaître votre propension à la prolixité, il serait bon que, en période de formation, vous preniez l'habitude de compter le nombre de mots utilisés dans votre traduction et de le comparer à celui du texte de départ[6]. Vous serez ainsi en mesure de savoir si vous devez concentrer vos efforts sur la concision dans l'expression.

6. Pour vous aider dans cette tâche, nous avons, dans les textes proposés à la fin du présent manuel, indiqué entre crochets, à la fin de chaque paragraphe, le nombre de mots qui s'y trouvent.

3.2.3.3 Les moyens de réduire la longueur des phrases

Réduire la longueur des phrases n'est pas une fin en soi. C'est un moyen de faciliter la compréhension du message. S'il veut saisir le sens d'une phrase, le lecteur doit garder en mémoire toute la phrase qu'il lit. C'est pourquoi une phrase courte sera comprise plus facilement qu'une phrase longue. Cela ne doit pas être interprété comme une incitation à écrire uniquement de courtes phrases, mais à dire dans le moins de mots possible ce que vous voulez communiquer. La communication sera ainsi plus efficace. Pour atteindre cet objectif, il existe des moyens fort simples.

- **Utiliser le mot juste.** Pour raccourcir ses phrases, le traducteur peut jouer sur le vocabulaire. Un mot bien choisi pourra facilement remplacer une périphrase. Tout traducteur devrait se faire un devoir d'enrichir son vocabulaire. Mieux équipé en mots, il saura exprimer son idée de façon concise et claire. (Nous reviendrons sur l'importance du choix de mot, plus loin dans le texte.)

- **Éliminer les relatives.** Si, en français, les pronoms relatifs existent, c'est qu'ils ont leur utilité. Cependant, il ne faut pas en abuser. Comme le dit la publicité : « La modération a bien meilleur goût. » En effet, l'emploi inconsidéré de pronoms relatifs expose à de ridicules équivoques : « J'ai vu la voiture de ma copine qui est peinte en rouge. » (La copine?)

  L'emploi inconsidéré de pronoms relatifs alourdit aussi le style :

  > J'ai vu mon cousin qui m'a donné des nouvelles de ma tante, qui est malade depuis l'accident qui lui est arrivé, en allant à la représentation qui a eu lieu vendredi dernier, avec mon oncle qui était déjà revenu d'un voyage qui l'avait retenu loin du pays durant plusieurs semaines.

  Remarque : Ne pas confondre le pronom relatif « que » et la conjonction de subordination « que ». Ainsi dans la phrase : « Je ne crois pas qu'il me soit possible de lire avec plaisir le texte **que** je viens de recevoir, parce qu'il est mal ponctué et qu'il est dépourvu d'articulateurs », seul le « que » en gras est un pronom relatif. Le premier « que » est une conjonction de subordination; les deux derniers font partie de la locution conjonctive « parce que » (parce qu'il est [...] et qu'il est [...]).

  Pour en savoir plus sur les moyens de remplacer les relatives, voir l'annexe 5.

- **Éliminer les subordonnées.** On appelle conjonctions de subordination les parties du discours qui servent à établir une dépendance entre les éléments qu'elles unissent. La proposition introduite par une conjonction de subordination est dépendante de la proposition principale, et le rapport exprimé dépend de la conjonction utilisée.

  Elles ont beau marquer fortement les rapports logiques entre les idées, ces conjonctions, mal employées, sont souvent à l'origine de la lourdeur du style. Il suffit de se rappeler que certaines appellent le subjonctif pour voir immédiatement le problème que peut causer leur utilisation, tant pour les modes que pour les temps. Le cas le plus ennuyeux est certes celui où la règle exige après la conjonction l'imparfait du subjonctif. Il faut dès lors opter entre un solécisme (Il ne fallait pas que vous m'épatiez) et une forme souvent pédante (Il ne fallait pas que vous m'épatassiez). La solution : éliminer la subordonnée (Il ne fallait pas m'épater).

  On évitera donc à la fois les lourdeurs de style et certaines difficultés grammaticales si l'on s'attache à supprimer les conjonctions de subordination chaque fois qu'on le pourra sans altérer le sens de la phrase[7].

  En particulier, les propositions subordonnées introduites par « que » pourront être remplacées par une tournure moins lourde, et parfois moins cacophonique, et pourront faire avantageusement l'objet d'un remaniement. Prenons la phrase suivante : « Il est certain que, lorsque je dois lire un texte que je reçois le lundi, il arrive que je ne puisse le faire que le vendredi. » Cette phrase, facilement transformée de façon qu'il n'y reste plus un seul « que », se lira comme suit : « Si un texte m'est apporté le lundi, il m'arrive, c'est certain, de ne pouvoir le lire avant le vendredi. »

7. Voir, à l'annexe 6, différents moyens de remplacer les propositions subordonnées.

Deuxième partie

CE QUE VOUS DEVREZ PRODUIRE...

Étant donné que vous voulez devenir traducteur et que vous en êtes à vos premiers essais, il nous semble pédagogiquement valable, pour ne pas dire impératif, que vous sachiez exactement ce que vous devriez produire comme texte d'arrivée. En effet, comment pourriez-vous chercher à atteindre un objectif que vous ne connaissez pas?

Si vous possédez bien les deux langues avec lesquelles vous travaillez, si vous comprenez bien le texte de départ (si vous savez lire) et si vous savez faire comprendre (si vous savez rédiger), vous avez ce qu'il faut pour bien traduire un texte, c'est-à-dire effectuer le transfert du message de la langue de départ à la langue d'arrivée. Mais que veut dire bien traduire?

4 PEUT-ON DIRE QU'UNE TRADUCTION EST BONNE OU MAUVAISE?

Voici deux courts textes et leurs traductions telles qu'elles ont été publiées.

Texte 1

Dear Valued Customer

This knitwear is made on the most advanced knitting machines. Due to the quality of the knitting structure, if a snag occurs please do not cut the yarn. Simply pull through from the underside of the garment. Thank you.

Made in Canada

Cher client value

Ce garment tricoter est fabriquer sur la machine à tricotage la plus avancé. Parce que de la qualité de la structure du tricotage, si un fil tiré est fait, s'il vous plait ne coupé pas le fil. Simplement tire a traver du coté dessous de l'habit. Merci beaucoup.

Fabrique au Canada

Texte 2

Correction Fluid

Water-based—Fast Drying

(3/4 fl. oz.)

SHAKE WELL: Contains mixing beads. Apply sparingly. Recap after each use. Thin with water if necessary. Fluid is non-toxic and non-hazardous when used as directed. Contains no trichloroethane.

Correcteur

À base d'eau – Séchage rapide

22 ml.

BIEN AGITER: Contient mélange des perles. Applique frugalement. Récapitulation après chaque utilise. Mince avec eau si nécessaire. Fluide est non-toxique et non-hasardeux quand d'occasion comme dirigé. Ne contient pas de trichloroethane.

Si l'on vous demandait si ces traductions font partie de ce qu'il est convenu d'appeler des bonnes traductions, vous répondriez certainement par la négative. Et vous auriez raison. Peut-être même iriez-vous jusqu'à dire qu'elles ont été faites par une machine. Là, vous auriez tort : une machine aurait fait mieux[1], même si, en comparant les résultats, on constate parfois des similitudes troublantes.

Il est certain que ce n'est pas le genre de travail que vous voudrez fournir au donneur d'ouvrage. Il ne faut pas être expert pour déclarer que ces traductions sont inacceptables. Il s'agit ici de cas extrêmes. Les défauts d'une traduction ne sont pas toujours aussi évidents. Sur quels critères doit-on alors se baser pour juger de la qualité d'une traduction?

1. Nous avons soumis ces deux textes au système de traduction automatique d'Alta Vista. Voici les traductions obtenues. Comparez.

1er exemple : Cher Client Évalué
Ces tricots sont faits sur les machines de tricotage les plus avançées. En raison de la qualité de la structure de tricotage, si un accroc veuillez se produire ne coupez pas le filé. Tirez simplement à travers du côté en dessous du vêtement. Merci.
Fabriqué au Canada

2e exemple : Liquide correcteur
Water-based – Séchage Rapide
(la 3/4 Floride. once.)
PUITS DE SECOUSSE : Contient les petits programmes de mélange. Appliquez économiquement. Récapitulation après chaque utilisation. Amincissez avec de l'eau au besoin. Le fluide est non-toxique et non-dangereux une fois utilisé comme dirigé. Ne contient aucun trichloroéthane.

4.1 Les critères d'une bonne traduction

Cinq critères sont généralement retenus : l'exactitude, la correction, la lisibilité, la tonalité et l'adaptation au destinataire.

4.1.1 L'EXACTITUDE, OU LA FIDÉLITÉ AU TEXTE DE DÉPART

La raison d'être d'une traduction, nous l'avons dit, est de permettre à celui qui ne connaît pas la langue de départ de saisir le message exprimé dans cette langue par l'émetteur. Traduire consiste donc à restituer le sens du message original dans sa **totalité**.

Y a-t-il dans les deux exemples qui viennent d'être cités un manque de fidélité? Ces traductions sont-elles exactes? Rendent-elles bien le message du texte anglais? « Contient mélange des perles » ou encore « Recapitulation après chaque utilise » ne traduisent certes pas *Contain mixing beads* et *Recap after each use*. De toute évidence, la traduction n'est pas exacte, le sens n'y est pas.

Types de fautes de sens

L'exactitude est absente lorsque « la transmission est nulle (non-sens et charabia), faussée (contresens, faux sens), partielle (omissions non justifiées) ou "brouillée" (termes imprécis et nuances non rendues)[2] ».

Les plus importantes fautes de sens à éviter sont évidemment celles qui sont à l'origine d'une transmission **nulle** ou **faussée**, car elles contredisent la mission fondamentale du traducteur : transférer le message émis. Cela ne signifie pas pour autant qu'une transmission **partielle** ou **brouillée** soit acceptable. Bien au contraire. Mais attardons-nous aux fautes de sens les plus importantes.

- **Le non-sens.** Il y a non-sens quand la traduction n'a aucun rapport avec le sens du message original.

The perceived uselessness of the arts was brought home by the president of the commercial database vendor Dialog, Herbert I. Schiller.	Cette perception de l'inutilité des arts a été explicitée par H.I. Schiller, président du logiciel de base de données commerciales Dialog.

2. P. HORGUELIN et L. BRUNETTE, *Pratique de la révision*, 3e édition, Brossard, Linguatech, 1998, p. 36.

- **Le charabia (ou galimatias).** On dit d'un texte que c'est du charabia, que c'est un galimatias s'il est écrit dans un style incompréhensible, s'il est embrouillé, inintelligible. La traduction du texte qui suit en est un parfait exemple.

My son Michael recently startled me with his remark that books are falling from favor, even with librarians. Books become dogeared by readers, spoiled by highlighting marks, and dirtied with remains of peanut butter and jelly. Some librarians much prefer pristine silicon databases, read by using cathode ray tubes. This jarred me, because I love books, particularly old ones.

Récemment mon fils Michael m'a inquiété avec ses commentaires d'être pour que les livres se déclinent, même les bibliothécaires. Les livres deviennent, par les lecteurs, des pages cornées, gâchés par souligner les marques et salis avec les restes de beurre de cacahouète et de gelée. Certains bibliothécaires sans tache de silicone de base de données, lire en utilisant des tubes cathodiques. Cela m'ébranle parce que j'aime les livres, en particulier les vieux livres.

- **Le contresens.** Il y a contresens quand la traduction dit le contraire du message du texte original. En voici un exemple qui s'explique par la non-compréhension de *all but*.

The struggle between science and morals that Henry Thomas Buckle foresaw a century ago has been all but won by Science.

Henry Thomas Buckle avait vu juste en prédisant, il y a de cela un siècle, qu'il y aurait une lutte entre la science et la morale; une chose est certaine, ce n'est pas la science qui a triomphé.

- **Le faux sens.** Il y a faux sens quand la traduction d'un mot, d'une expression ou d'une phrase altère le sens du texte original sans le fausser complètement. Exemple :

  The St. Lawrence River flows into the Atlantic Ocean.
  La rivière Saint-Laurent se déverse dans l'Atlantique.

4.1.2 La correction de la langue

Qu'est-ce qu'une « langue correcte »? Nous avons vu que la langue est un code qu'il faut respecter si l'on veut que la communication soit efficace. Une langue correcte, c'est une langue qui est conforme aux divers codes qui la régissent : code orthographique, code grammatical, code d'écriture.

Si les deux exemples du début (*Dear Valued Customer* et *Correction Fluid*) avaient été bien traduits, on n'y trouverait pas :

- de fautes d'orthographe (a traver, coté, etc.);
- de fautes de grammaire (est fabriquer, la plus avancé, etc.);
- de fautes de syntaxe (parce que de la qualité, etc.);
- de fautes de ponctuation (22 ml.);
- de fautes de typographie (BIEN AGITER:).

Si ces deux exemples avaient été bien traduits, le choix de mots (garment, fluide, etc.) ne laisserait pas à désirer.

4.1.3 La lisibilité

Le texte doit être logique, clair, concis, bien articulé, sans répétition, sans anglicismes, sans pléonasmes. On doit pouvoir le lire comme s'il avait été écrit directement en français. Les deux exemples donnés plus haut « sentent » la traduction; ils n'ont donc pas la lisibilité voulue.

4.1.4 La tonalité

Le texte d'arrivée doit présenter le même niveau de langue que le texte de départ; il doit aussi avoir le même ton. Dans les deux cas qui nous intéressent, malgré toutes les gaucheries commises, on peut dire que le niveau de langue et le ton sont les mêmes que ceux du texte de départ. Il s'agit de textes incitatifs, écrits sur un ton neutre.

Voici un exemple de traduction qui rend bien le ton du texte de départ. Le traducteur a compris qu'il lui fallait formuler en français les commandements du voyageur à la manière des commandements de Dieu ou de l'Église.

The Commandments of the Enlightened Traveller	Les commandements du bon voyageur
Thou shalt learn about the country's habits and customs.	Ta connaissance des us et coutumes du pays tu développeras.
Thou shalt obtain all pertinent official documents prior to departure.	Avant ton départ, les documents officiels nécessaires à ton voyage tu te procureras.
Thou shalt not neglect thy health.	Ta santé point tu ne négligeras.
Thou shalt check the condition of thy bags prior to departure.	Avant de partir, la qualité de tes valises tu vérifieras.

Thou shalt pack thy bags carefully to avoid excess weight charges and unpleasant surprises.	Pour ne pas avoir de surplus ni de surprise, avec soin ton bagage tu prépareras.

Dans l'exemple suivant, l'utilisation du terme « thésarde » au lieu de « doctorante » traduirait un manque de sensibilité du traducteur dans la langue du texte de départ. *Graduate student* n'est pas un terme de niveau familier; « thésarde » l'est.

Among the scientists interested in this phenomenon was a young graduate student named Marie Sklodowska Curie.	Parmi les scientifiques intéressés par ce phénomène, il y avait une jeune **doctorante** (ou **thésarde**), Marie Sklodowska Curie.

4.1.5 L'ADAPTATION AU DESTINATAIRE

Qu'entend-on par adaptation au destinataire? Cela revient à se poser la question suivante : « Est-ce que le message sera compris par le récepteur, dont la culture diffère de celle de l'émetteur? » Par exemple, dire à un Belge que telle maison historique est située à deux milles de l'endroit où il se trouve ne lui dira strictement rien, car le mille est une notion qui lui est étrangère : il utilise le kilomètre. Et dire à un Américain qu'il pèse 89 kg ne l'éclairera pas davantage.

Dans le texte sur le correcteur, le traducteur a pris soin de traduire *3/4 fl. oz.* par « 22 ml »; il était donc conscient que son texte s'adressait à des gens qui n'utilisent plus le système impérial. Il a su adapter son texte aux destinataires.

Cependant, l'adaptation ne concerne pas que les unités de mesure. Le choix des mots peut aussi jouer un rôle dans l'adaptation. Prenons deux exemples, dont celui qui a été mentionné plus haut :

Among the scientists interested in this phenomenon was a young graduate student named Marie Sklodowska Curie.	Parmi les scientifiques intéressés par ce phénomène, il y avait une jeune **doctorante**, Marie Sklodowska Curie.
She will be told to clean off the desk, pick up the cleaning, and the like.	On lui demandera de nettoyer le bureau, d'aller chez le **teinturier** (à la **blanchisserie**), etc.

Les mots en gras ne sont pas mauvais, mais ils n'ont aucune résonance au Québec. Ces traductions ne posent aucun problème de compréhension à un public français, mais elles nécessiteraient des retouches si elles s'adressaient à un public québécois.

4.2 Votre mission : fournir une bonne traduction

Vous savez maintenant pourquoi les deux traductions présentées au début de cette section ne font pas partie des « bonnes traductions ». Fort heureusement, les traductions ne sont pas toutes de cette qualité. Il arrive qu'une traduction, à première vue, ne semble pas mauvaise, ce qui ne signifie pas qu'elle soit bonne. Elle pourra être passable. Sauriez-vous dire si une traduction est bonne ou passable? C'est pourtant ce que vous devrez décider quand viendra le moment de remettre votre traduction soit à votre professeur, soit à un donneur d'ouvrage.

Tous savent qu'on est mauvais juge dans sa propre cause. Porter un jugement objectif sur sa propre traduction n'est donc pas chose facile. Pourtant, c'est ce que vous devez apprendre à faire. Pour vous initier à cette tâche, rien de tel que d'évaluer la traduction d'un autre. Voici un court texte et sa traduction. Votre tâche consiste à dire s'il s'agit d'une **bonne traduction**.

A Colorful Christmas Appetizer

Here's an idea for a colorful and vitamin A-packed appetizer for Christmas dinner made from a vegetable that comes in many shapes and is available at the supermarket all winter: stuffed squash.

Select a pepper squash (green skin with ridges) or a butternut squash (roughly pear-shaped with smooth cream-colored skin). Cut in half, remove the seeds and prick all over the inside with a fork. Cook in the microwave on High for 8 to 10 min. or bake at 350° for about 20 minutes.

Une entrée colorée pour Noël

Une entrée originale pour Noël avec des légumes aux couleurs et aux formes variées, riches en vitamine A et disponibles tout l'hiver au supermarché : des courges farcies.

Choisissez la courge poivrée, à la pelure striée vert foncé, ou la courge musquée en forme de poire et à la pelure lisse de couleur crème. Coupez-les en deux, enlevez les graines et piquez la chair avec une fourchette. Mettez-les au micro-ondes, à puissance maximale, de 8 à 10 min ou encore dans le four conventionnel à 350 °F, environ 20 minutes.

Carefully scrape out some of the cooked flesh, without breaking the skin. Cube the flesh and combine with torn-up breadcrumbs, finely chopped onion and grated cheese. Use to stuff the squash halves. Bake at 350°F until the cheese is melted. That should impress your Christmas guests!

Retirez ensuite une partie de la chair de chaque courge et coupez en dés. Composez la farce en y ajoutant des cubes de pain, de l'oignon émincé, du fromage râpé et remplissez chaque demi-courge. Placez au four à 350 °F jusqu'à ce que le fromage soit fondu. De quoi épater la galerie pour Noël!

Voici une série de points sur lesquels vous pencher. Déterminez à quel critère chacun de ces points s'applique. Le signe = signifie « a été rendu par »; le **soulignement** renvoie le lecteur à l'élément à considérer; « nil » signifie que certains mots n'ont pas été traduits.

Appetizer = entrée
for Christmas dinner = pour (nil) Noël
winter: = supermarché :
350°F = 350 °F
vitamin A-packed appetizer = entrée […] avec des légumes […] riches en vitamine A
Cut in half = Coupez-les
available = disponibles
stuffed squash = courges farcies
green (skin) = vert foncé
skin = pelure (choix de mot)
with ridges = (à la pelure) striée
roughly pear-shaped = en forme de poire
prick all over the inside = piquez la chair
Cook in the microwave = Mettez-les au micro-ondes
Cook = Mettez
in the microwave = au (four?) micro-ondes (micro-onde?)
min. = min_
bake = mettez-les… dans le four conventionnel
(*bake*) = … le four conventionnel
Carefully = nil
cooked flesh = la chair
cooked flesh = la chair de chaque courge
without breaking the skin = nil
torn-up breadcrumbs = cubes de pain (choix de mot?)
Bake at 350 = Placez au four (conventionnel?) (et non « placez-les »?)
impress your Christmas guests! = De quoi épater la galerie pour Noël!

Maintenant que vous avez comparé le texte de départ et le texte d'arrivée, vous devriez pouvoir dire si la traduction est bonne et pourquoi. Cet effort d'appréciation, vous devrez le faire pour tous les travaux que vous remettrez soit au professeur, soit au donneur d'ouvrage.

EXERCICE 6

BONNE TRADUCTION OU NON?

Directives : Voici quatre textes et leurs traductions. Ce sont des documents publiés, et qui ont donc été jugés bons par le donneur d'ouvrage. À vous maintenant de juger de la qualité des traductions officielles. Les textes 1 et 4 sont tirés de romans. Le texte 2 provient d'un document didactique et le texte 3 est de nature publicitaire. Demandez-vous si la nature des textes devrait être prise en considération dans votre évaluation.

1. Extrait de *The Stuff of Madness*, de Patricia Highsmith; traduction de Myriam Sarfati

[...]

When Christopher Waggoner, just out of law school, had married Penelope, he had known of her fondness for pets, and her family's fondness too. That was normal, to love a cat or dog that was part of the household. Christopher had not even thought much about the stuffed little Pixie, a white Pomeranian with shiny black artificial eyes, which stood in a corner of her father's study on a wooden base with her dates of birth and death, nor of the fluffy orange and white cat called Marmy, also preserved, which sat on the floor in another corner. A live cat and dog had lived in the Marshall's house during his courting days, Christopher recalled, but long ago they had fallen into the taxidermist's hands, and now stood and sat respectively on an outcrop of rock in his and Penny's Suffolk garden. These were not the only

[...]

Quand Christopher Waggoner, frais émoulu de la faculté de droit, avait épousé Pénélope, il connaissait sa passion des animaux domestiques, qu'elle tenait d'ailleurs de sa famille. C'était tout naturel d'aimer un chat ou un chien qui faisait partie de la maison. Christopher n'avait pas prêté grande attention au corps empaillé de la petite Pixie, un loulou de Poméranie blanc aux yeux de verre noirs et brillants, qui trônait dans un coin du bureau du père de Penny sur un socle de bois portant la date de sa naissance et celle de sa mort, ni au chat au poil ébouriffé blanc et roux nommé Marmy, naturalisé lui aussi, qui se tenait sur le sol dans un autre coin de la pièce. Pendant la période où il la courtisait, un vrai chat et un vrai chien vivaient dans la maison des Marshall, Christopher s'en souvenait, mais depuis bien longtemps, ils étaient tombés

animals that peopled, if the word could be used, the garden at Willow Close.
[…]

entre les mains du taxidermiste et maintenant ils se tenaient respectivement l'un debout l'autre assis sur un affleurement rocheux dans leur jardin, dans le Suffolk. Ce n'étaient pas les seuls animaux qui peuplaient, si on pouvait user de ce terme, le jardin de Willow Close.
[…]

2. Extrait de *The Child, His Parents, and the Nurse*, de F.G. Blake; traduction de Janic Pazard

[…]
One of the principal functions of the family is the preservation of the art of parenthood. It is as important to the preservation of society as are the production of food, the prevention of physical disease and international control in the use of atomic energy.

Essential in the art of parenthood is the capacity to establish and to maintain constructive and satisfying relationships with others. This capacity has its origin in the earliest years of a child's life and is influenced by all that happens to him from the moment of his conception.

To become prepared for parenthood the individual needs satisfying experiences with people from the moment of birth to the time that he establishes a home and begins to rear his own family. The newborn infant is completely helpless and would perish at birth were he not protected and cared for immediately. He cannot reach out toward other people, but his helplessness, dependent nature and behavior disclose that he is in great need of loving care at birth and in the

[…]
Une des principales fonctions de la famille est la sauvegarde de l'art d'« être parents ». Elle est aussi importante pour le salut de la société que la production, la prévention contre la maladie physique ou le contrôle de l'énergie atomique.

L'essentiel dans l'art d'être parent est la capacité d'établir et de maintenir des relations constructives et satisfaisantes avec autrui. Cette aptitude trouve ses origines dans les premières années de la vie de l'enfant et est influencée par tout ce qui lui arrive dès le moment de sa conception.

Pour se préparer à l'art d'être parent, l'individu a besoin d'expériences satisfaisantes avec son prochain depuis l'instant de sa naissance jusqu'au moment où il établit un foyer.

Complètement dépourvu de ressources, le nouveau-né périrait dès la naissance s'il n'était protégé et soigné immédiatement. Il peut communiquer avec autrui, mais sa faiblesse, sa nature dépendante et son comportement révèlent un grand besoin de soins

years to come. Today we have ample evidence to substantiate this fact. Bowlby, who studied the work of psychiatrists, psychologists and child-guidance workers in various countries of Europe and America, says: [...]

affectueux dans les premières années. Actuellement, nous avons des preuves suffisantes pour confirmer ce fait. Bowlby, qui a étudié le travail des psychiatres, des psychologues et des spécialistes en *guidance* infantile dans les différents pays d'Europe et d'Amérique, dit : [...]

3. Texte apparaissant sur une boîte de céréales

You better believe it!

So maybe you have made some changes to your lifestyle, such as occasionally drinking decaf instead of caffeinated coffee, or having whole wheat instead of white bread.

WELL HERE'S THE EASIEST CHANGE YOU'LL EVER MAKE!

Kellogg's *BRAN FLAKES*

Now you can indulge in great taste and enjoy the benefits of fibre at the same time. Every whole wheat flake is a crispy bite of great taste. Splash them with ice cold milk, and you've got a bowl of lively flavour that'll put some "WOW" into your morning.

*Try **Kellogg's Bran Flakes** yourself.*

You'll be surprised how good it is.

In fact, most
*people were very surprised how much they loved the taste. **Kellogg's Bran Flakes**. Tastes better than you might expect.*

Believe it!

Sans blague!

Vous avez modifié quelque peu votre style de vie, vous préférez parfois le déca au café régulier, le pain de blé entier au pain blanc.

EH BIEN, VOICI UN CHANGEMENT QUI N'EXIGERA AUCUN EFFORT!

***Kellogg's* BRAN FLAKES**

Goût savoureux et bienfaits des fibres forment maintenant un duo harmonieux. Chaque flocon de blé entier croustille de saveur exquise. Arrosez le tout d'un peu de lait et voilà de quoi ajouter de l'ÉCLAT à vos matins.

Laissez-vous tenter par les **Kellogg's Bran Flakes**. Leur goût exquis vous ravira.

Ainsi, la plupart
des gens furent surpris de constater à quel point ils adoraient la saveur des **Kellogg's Bran Flakes**. Un délice au-delà de toute attente.

Sans farce!

4. Extrait du roman *1984*, de George Orwell; traduction d'Amélie Audiberti

[...]

It was a bright cold day in April, and the clocks were striking thirteen. Winston Smith, his chin nuzzled into his breast in an effort to escape the vile wind, slipped quickly through the glass doors of Victory Mansions, though not quickly enough to prevent a swirl of gritty dust from entering along with him.

The hallway smelt of boiled cabbage and old rag mats. At one end of it a coloured poster, too large for indoor display, had been tacked to the wall. It depicted simply an enormous face, more than a metre wide: the face of a man of about forty-five, with a heavy black moustache and ruggedly handsome features. Winston made for the stairs. It was no use trying the lift. Even at the best of times it was seldom working, and at present the electric current was cut off during daylight hours. It was part of the economy drive in preparation for Hate Week. The flat was seven flights up, and Winston, who was thirty-nine and had a varicose ulcer above his right ankle, went slowly, resting several times on the way. On each landing, opposite the lift-shaft, the poster with the enormous face gazed from the wall. It was one of those pictures which are so contrived that the eyes follow you about when you move. BIG BROTHER IS WATCHING YOU, the caption beneath it ran.

[...]

[...]

C'était une journée d'avril froide et claire. Les horloges sonnaient treize heures. Winston Smith, le menton rentré dans le cou, s'efforçait d'éviter le vent mauvais. Il passa rapidement la porte vitrée du bloc des « Maisons de la Victoire », pas assez rapidement cependant pour empêcher que s'engouffre en même temps que lui un tourbillon de poussière et de sable.

Le hall sentait le chou et le vieux tapis. À l'une de ses extrémités, une affiche de couleur, trop vaste pour ce déploiement intérieur, était clouée au mur. Elle représentait simplement un énorme visage, large de plus d'un mètre : le visage d'un homme d'environ quarante-cinq ans, à l'épaisse moustache noire, aux traits accentués et beaux.

Winston se dirigea vers l'escalier. Il était inutile d'essayer de prendre l'ascenseur. Même aux meilleures époques, il fonctionnait rarement. Actuellement, d'ailleurs, le courant électrique était coupé dans la journée. C'était une des mesures d'économie prises en vue de la Semaine de la Haine.

Son appartement était au septième. Winston, qui avait trente-neuf ans et souffrait d'un ulcère variqueux au-dessus de la cheville droite, montait lentement. Il s'arrêta plusieurs fois en chemin pour se reposer. À chaque palier, sur une affiche collée au mur, face à la cage de l'ascenseur, l'énorme visage vous fixait du regard. C'était un de ces portraits arrangés de telle sorte que les yeux semblent suivre celui qui passe. Une légende, sous le portrait, disait : BIG BROTHER VOUS REGARDE.

[…]

Troisième partie

CE QUE VOUS DEVEZ SAVOIR DES ÉLÉMENTS IMPORTANTS DU TEXTE

Nous l'avons déjà dit – et nous ne le dirons jamais assez –, pour produire un texte qui reflète bien le message exprimé dans le texte de départ, le traducteur – et l'apprenti traducteur – doit très bien comprendre le texte de départ. Sinon les problèmes qu'il n'aura pas reconnus se refléteront nécessairement dans sa traduction.

Bien comprendre un texte signifie en saisir le **sens** – et le sens dépasse, est-il besoin de le rappeler, le simple alignement des mots.

Nous allons donc examiner dans les pages qui suivent les éléments importants qui donnent au texte son **sens**. Notre démarche sera pédagogique : nous irons du plus simple au plus complexe. Nous commencerons donc par le **mot** (chapitre 5), élément fondamental du texte, et nous nous interrogerons sur ce qui lui donne son sens. Ensuite, nous aborderons la **phrase** (chapitre 6), qui est un agencement de mots, et nous nous demanderons ce qui lui donne son sens. Puis nous étudierons le **paragraphe** (chapitre 7), qui est une succession de phrases, et nous verrons ce qui lui donne son sens. Nous finirons par le tout, constitué des paragraphes qui se suivent : le **texte** (chapitre 8).

Remarque : Ce qui sera dit, dans cette troisième partie, du mot, de la phrase, du paragraphe et du texte, concerne autant le texte à traduire que le texte à produire. N'oubliez jamais que votre rôle de traducteur est double : vous êtes à la fois récepteur et émetteur.

5 LE MOT

Dire que le mot est l'élément le plus important du texte est une vérité de La Palice. Si le texte existe, c'est qu'il y a eu alignement de mots, dont l'ensemble est porteur de sens, aussi bien pour celui qui a rédigé le texte que pour celui qui le lit.

Quand un **rédacteur** s'exécute, c'est qu'il a quelque chose à communiquer. Pour le dire, il choisira certains mots, des mots qui correspondent bien à sa pensée. Si le mot qui lui vient à l'esprit ne lui convient pas, ne correspond pas à son vouloir-dire, il le rejette; c'est une expérience que chacun de nous a déjà vécue. C'est donc dire que le choix des mots par le rédacteur n'est pas fait au hasard.

Si le **lecteur**, quant à lui, veut saisir le message, il doit donner aux mots le sens que le rédacteur avait à l'esprit quand il a écrit son texte. Dans certaines circonstances, une compréhension partielle du sens pourra suffire, mais, pour un traducteur, la compréhension ne pourra être partielle; **elle devra être totale**.

Vous ne devez jamais oublier que votre rôle d'intermédiaire vous oblige à jouer à la fois le rôle de récepteur et celui d'émetteur, le rôle de lecteur et celui de rédacteur. Vous aurez ainsi, en tant que **traducteur**, l'obligation de choisir les mots qui correspondent bien à votre vouloir-dire, qui, lui, doit être le reflet du vouloir-dire du rédacteur du texte de départ.

5.1 La compréhension du texte passe par celle du mot

Dire que la compréhension du texte commence par celle du mot peut paraître simpliste. En fait, elle passe obligatoirement par la compréhension du mot. En effet, si une phrase contient ne serait-ce qu'un seul mot que vous ne connaissez pas, le sens précis de la phrase vous échappera. Cette lacune sera d'autant plus importante que ce mot jouera un rôle important dans la phrase. Ne pas savoir ce que signifie un adjectif n'a pas la même conséquence que de ne pas connaître la signification d'un verbe, élément fondamental d'une phrase.

Si vous n'êtes pas convaincu de cela, la lecture de la tirade du nez, du *Cyrano de Bergerac* d'Edmond Rostand, vous sera profitable.

Si, après avoir lu la tirade du nez (voir l'exercice 7), vous la comprenez parfaitement, c'est que vous aurez su donner à chaque mot le sens que l'auteur avait à l'esprit en écrivant son texte. Sinon, votre interprétation ne sera pas en harmonie avec son message.

Quand, en tant que traducteur, vous aurez à rédiger, vous devrez savoir choisir les mots qui correspondent à votre vouloir-dire pour que le lecteur saisisse bien l'idée que vous lui transmettrez, et qui est celle de l'auteur du texte de départ.

Nous allons donc voir quels sont les divers facteurs qui influent sur le sens d'un mot et quels sont les problèmes qui se posent, au rédacteur ou au traducteur, au moment où il a à choisir un mot, tant dans l'absolu qu'au moment du transfert de l'anglais au français.

EXERCICE 7

LA COMPRÉHENSION DU TEXTE PASSE PAR LA COMPRÉHENSION DES MOTS

Directives : Pour comprendre parfaitement ce texte d'Edmond Rostand (extrait de l'acte I de *Cyrano de Bergerac*), vous devez connaître le sens de tous les mots utilisés. Sauriez-vous en faire la preuve?

[…]
LE VICOMTE
Personne?
Attendez! Je vais lui lancer un de ces **traits**!…
(Il s'avance vers Cyrano qui l'observe, et se **campant** devant lui d'un air **fat**.)
Vous... Vous avez un nez… heu… heu… un nez… très grand.

CYRANO, *gravement*
Très?

LE VICOMTE, *riant*
Ha!

CYRANO, *imperturbable*
C'est tout?…

LE VICOMTE
Mais…

CYRANO
Ah! non! c'est un peu court, jeune homme!
On pouvait dire… Oh! Dieu!… bien des choses en somme.
En variant le ton, – par exemple, tenez :
Agressif : « Moi, monsieur, si j'avais un tel nez,
Il faudrait sur-le-champ que je me l'amputasse! »
Amical : « Mais il doit tremper dans votre tasse.
Pour boire, faites-vous fabriquer un **hanap**! »
Descriptif : « C'est un roc! c'est un pic… c'est un cap!
Que dis-je, c'est un cap?… C'est une péninsule! »
Curieux : « De quoi sert cette **oblongue** capsule,
D'écritoire, monsieur, ou de boîte à ciseaux? »
Gracieux : « Aimez-vous à ce point les oiseaux
Que paternellement vous vous préoccupâtes

De tendre ce perchoir à leurs petites pattes? »
Truculent : « … Ça, monsieur, lorsque vous **pétunez**,
La vapeur du tabac vous sort-elle du nez
Sans qu'un voisin ne crie au feu de cheminée? »
Prévenant : « Gardez-vous, votre tête entraînée
Par ce poids, de tomber en avant sur le sol! »
Tendre : « Faites-lui faire un petit parasol
De peur, que sa couleur au soleil ne se **fane**! »
Pédant : « L'animal seul, monsieur, qu'Aristophane
Appelle Hippocampelephantocamélos
Dut avoir sous le front tant de chair, sur tant d'os! »
Cavalier : « Quoi, l'ami, ce croc est à la mode?
Pour pendre son chapeau c'est vraiment très commode! »
Emphatique : « Aucun vent ne peut, nez magistral,
T'enrhumer tout entier excepté le **mistral**! »
Dramatique : « C'est la mer Rouge quand il saigne! »
Admiratif : « Pour un parfumeur, quelle enseigne! »
Lyrique : « Est-ce une **conque**, êtes-vous un **triton**? »
Naïf : « Ce monument, quand le visite-t-on? »
Respectueux : « Souffrez, monsieur, qu'on vous salue,
C'est là ce qui s'appelle avoir pignon sur rue! »
Campagnard : « Hé, ardé! C'est-y un nez? Nanain!
C'est queuqu'navet géant ou ben queuqu'melon nain! »
Militaire : « Pointez contre cavalerie! »
Pratique : « Voulez-vous, le mettre en loterie?
Assurément, monsieur, ce sera le gros lot! »
Enfin, **parodiant Pyrame** en un sanglot :
« Le voilà donc ce nez qui des **traits** de son maître
A détruit l'harmonie! Il en rougit, le traître! »
Voilà ce qu'à peu près, mon cher, vous m'auriez dit
Si vous aviez un peu de lettres et d'esprit :
Mais d'esprit, ô le plus lamentable des êtres,
Vous n'en eûtes jamais un atome, et des lettres
Vous n'avez que les trois qui forment le mot : Sot!
Eussiez-vous eu, d'ailleurs, l'**invention** qu'il faut
Pour pouvoir, là devant ces nobles galeries,
Me servir toutes ces folles plaisanteries,
Que vous n'en eussiez pas articulé le quart
De la moitié du commencement d'une, car
Je me les sers moi-même, avec assez de verve,

Mais je ne permets pas qu'un autre me les serve.

DE GUICHE, *voulant emmener le vicomte pétrifié*
Vicomte, laissez donc!

LE VICOMTE, *suffoqué*
Ces grands airs arrogants!
Un **hobereau** qui… qui… n'a même pas de gants!
Et qui sort sans rubans, sans **bouffettes**, sans **ganses**!

CYRANO
Moi, c'est moralement que j'ai mes **élégances**.
Je ne **m'attife** pas ainsi qu'un **freluquet**,
Mais je suis plus soigné si je suis moins **coquet**;
Je ne sortirais pas avec, par négligence,
Un affront pas très bien lavé, la conscience
Jaune encor de sommeil dans le coin de son œil,
Un honneur chiffonné, des scrupules en deuil.
Mais je marche sans rien sur moi qui ne reluise,
Empanaché d'indépendance et de franchise.
Ce n'est pas une taille avantageuse, c'est
Mon âme que je cambre ainsi qu'en un corset,
Et tout couvert d'exploits qu'en rubans je m'attache,
Retroussant mon esprit ainsi qu'une moustache,
Je fais, en traversant les groupes et les ronds,
Sonner les vérités comme des éperons.

LE VICOMTE
Mais monsieur...

CYRANO
Je n'ai pas de gants?... la belle affaire!
Il m'en restait un seul... d'une très vieille paire!
Lequel m'était d'ailleurs encor fort importun :
Je l'ai laissé dans la figure de quelqu'un.

LE VICOMTE
Maraud, faquin, butor de pied plat ridicule!

CYRANO
ôtant son chapeau et saluant comme si le vicomte venait de se présenter
Ah?… Et moi, Cyrano-Savinien-Hercule de Bergerac.
(Rires)
[…]

5.2 Les facteurs qui influent sur le sens d'un mot

Quels sont donc ces facteurs modificateurs de sens auxquels vous devez prêter une attention toute particulière quand vient le moment de faire un choix? Il y a d'abord ceux qui concernent le mot pris isolément. Ce sont : la graphie-phonie, le genre, le nombre et l'accent. Il y a ensuite ceux qui concernent le mot non pas pris isolément, mais inséré dans un énoncé. Ce sont : le contexte et l'intention de l'auteur.

5.2.1 Le mot pris isolément

5.2.1.1 La graphie-phonie (homonymes, paronymes)

Il existe en français des mots qui s'écrivent ou se prononcent de la même façon, mais dont le sens est différent : les **homonymes**. On en distingue trois types :

- les **homographes-homophones** : qui s'écrivent et se prononcent de la même façon. Exemples : « moule » (mollusque), « moule » (récipient); « son » (adj. poss.), « son » (sensation auditive).
- les **homographes-hétérophones** : qui s'écrivent de la même façon, mais se prononcent de façon différente. Exemples : « fils » (enfant mâle), « fils » (brins de matière textile); « couvent » (du verbe « couver »), « couvent » (maison de religieux).
- les **homophones-hétérographes** : qui se prononcent de la même façon, mais s'écrivent de façon différente. Exemples : « cœur » (organe vital), « chœur » (groupe de chanteurs); « tribu » (groupe social), « tribut » (contribution).

Le rédacteur ne doit pas se laisser piéger par ces mots (voir les exercices 8, 10, 11 et 12), qui peuvent être représentés par la figure suivante :

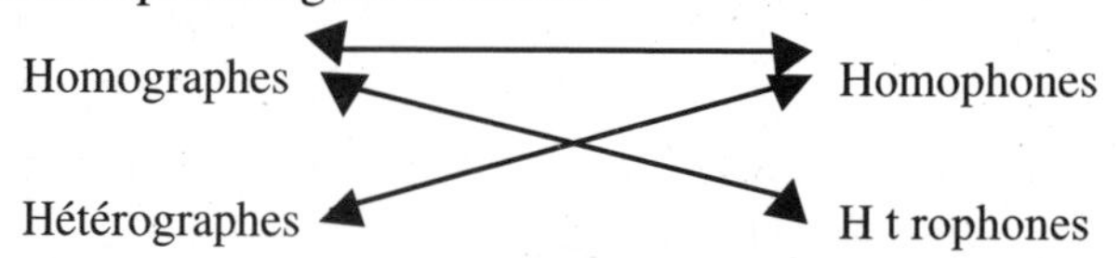

Figure 5.1 – Les homonymes

Il ne faudrait pas conclure de ce schéma qu'il n'y a pas de mots hétérographes-hétérophones. Tout au contraire. La plupart des mots font partie de cette catégorie (« facilement », « bonjour »; « très », « métro »; etc.), mais ils ne posent pas de problèmes.

Il y a toutefois, à côté de ces mots nettement distincts, d'autres mots qui se **prononcent presque** ou qui **s'écrivent presque** de la même façon. Ce sont les **paronymes**, proches l'un de l'autre par leur forme, leur orthographe ou leur sonorité (« incident », « accident »; « acception », « acceptation »). Cette parenté n'est pas sans causer d'embûches au rédacteur; il lui faut savoir distinguer ces mots (voir l'exercice 9).

EXERCICE 8

MOTS HOMONYMES DONT LE SENS EST DÉTERMINÉ PAR LA GRAPHIE

Voici une liste de mots homophones non homographes, dont il vous faut connaître les sens si vous voulez faire le bon choix de mot.

Acquis	acquit		
Ammoniac	ammoniaque		
Basilic	basilique		
Buter	butter		
Cahot	chaos	K.-O.	
Censé	sensé		
Cession	session		
Chaire	cher	chère	cheyre
Choral	chorale		
Cor	corps		
Délacer	délasser		
Dessein	dessin		
Détoner	détonner		
Éthique	étique		
Exaucer	exhausser		
Express	expresse (adj.)		
Fond	fonds	fonts	
For	fort		
Glaciaire	glacière		
Heur	heure		
Martyr	martyre		
Mûr (adj.)	mûre (nom)		
Parti	partie		
Pause	pose		
Plain	plein		
Prémices	prémisse		
Prêt	près		
Quand	quant		
Satire	satyre		
Tant	temps		
Tribu	tribut		
Voir	voire		

EXERCICE 9

PARONYMES

Selon *Le Petit Robert*, les paronymes sont des mots presque homonymes qui peuvent être confondus. En tant que traducteur, vous ne pouvez vous permettre de les confondre.

Acceptation	acception	
Accident	incident	
Allocation	allocution	
Amener	emmener	
Aréole	auréole	
Cadavérique	cadavéreux	
Classer	classifier	
Collision	collusion	
Conjecture	conjoncture	
Déchiffrement	déchiffrage	
Défendeur	défenseur	
Éminent	imminent	
Glaciaire	glacial	
Gourmand	gourmet	
Gradation	graduation	
Imprudent	impudent	
Inclinaison	inclination	
Maturation	maturité	
Musclé	musculaire	musculeux
Notable	notoire	
Observance	observation	
Odorant	odoriférant	
Paraphrase	périphrase	
Paronyme	patronyme	
Prolongation	prolongement	
Relâché	relaxé	
Renoncement	renonciation	
Usagé	usé	
Vaguer	vaquer	
Vénéneux	venimeux	

5.2.1.2 Le genre

Par ailleurs, il existe des mots qui s'écrivent de la même façon, mais dont le sens varie en fonction du genre qu'on leur attribue. Nous pouvons tous faire la différence entre **un livre** et **une livre**, entre **un page** et **une page**. Mais pouvons-nous dire que les homographes dont le sens varie en fonction du genre ne nous posent aucun problème? (Voir l'exercice 10.)

La langue française possède également des mots dont la forme ne varie pas avec le genre, mais qui prennent le genre de la personne qu'ils représentent. Ce sont des mots épicènes. Il pourra s'agir d'un pronom (je, tu), d'un adjectif (habile, facile) ou d'un substantif (élève, disciple).

EXERCICE 10

MOTS HOMONYMES DONT LE SENS EST DÉTERMINÉ PAR LE GENRE

Directives : Donnez la définition de chacun des mots suivants au masculin et au féminin.

	Masculin	Féminin
Aide		
Aigle		
Cache		
Cartouche		
Chèvre		
Couple		
Crêpe		
Délices		
Enseigne		
Espace		
Faux		
Garde		
Geste		
Gîte		
Livre		
Manche		
Manœuvre		
Mémoire		

	Masculin	Féminin
Mode		
Moule		
Mousse		
Œuvre		
Ombre		
Orge		
Page		
Parallèle		
Pendule		
Physique		
Poste		
Pupille		
Relâche		
Solde		
Tour		
Vague		
Vase		
Voile		

5.2.1.3 Le nombre

Il existe également des mots dont le sens varie en fonction du nombre, c'est-à-dire des mots qui, au pluriel, n'ont pas le même sens qu'au singulier. On peut citer le mot « information », qui désigne, au singulier, une nouvelle, un communiqué et, au pluriel, un bulletin de nouvelles. Sauriez-vous nommer quelques mots dont le sens n'est pas le même au singulier qu'au pluriel? (Voir aussi l'exercice 11.)

EXERCICE 11

MOTS HOMONYMES DONT LE SENS EST DÉTERMINÉ PAR LE NOMBRE

Directives : Donnez la définition de chacun des mots suivants au singulier et au pluriel.

	Singulier	Pluriel
Amour(s)		
Arène(s)		
Arrêt(s)		
Bain(s)		
Bois		
Cuivre(s)		
Délice(s)		
Élite(s)		
Fond(s)		
Foudre(s)		
Fruit(s)		
Idée(s)		
Information(s)		
Manière(s)		
Manœuvre(s)		
Référence(s)		
Selle(s)		
Soin(s)		
Solde(s)		

5.2.1.4 L'accent (signe diacritique)[1]

L'accent est soit phonétique (pour le son), soit diacritique (pour le sens). Phonétiques, les accents enrichissent la prononciation des voyelles; diacritiques, ils empêchent la confusion entre mots homographes. C'est donc l'aspect diacritique qui nous intéresse plus particulièrement ici.

1. R. CAUSSE, *La langue française fait signe(s)*, Paris, Éditions du Seuil, coll. Points, 1998.

Il y a aussi des mots qui prennent obligatoirement l'accent; il en existe d'autres qui s'écrivent avec ou sans accent, ou encore qui peuvent prendre deux accents différents. Quoi qu'il en soit, le sens n'est pas le même. Le mot voit son sens changer selon qu'il est ou non coiffé d'un signe diacritique. Il suffit de penser au verbe « avoir » à la troisième personne du singulier de l'indicatif présent et à la préposition « à ».

Les accents permettent également de distinguer certaines formes verbales. Sauriez-vous identifier les trois formes suivantes du verbe « avoir » : « il eut eu », « il eût eu » et « qu'il eût eu »? Ou encore les deux formes suivantes du verbe « être » : « il fut » et « qu'il fût »? Mais les accents ne servent pas qu'à distinguer les modes et les temps de verbes (voir l'exercice 12.)

EXERCICE 12

MOTS HOMONYMES DONT LE SENS EST DÉTERMINÉ PAR LE SIGNE DIACRITIQUE

Directives : Donnez la définition de chacun des mots suivants.

A	à
Bailler	bâiller
Ça	çà
Cote	côte
Des	dès
Du	dû
Faites	faîtes
Foret	forêt
Gène	gêne
La	là
Mur	mûr
Ou	où
Rai	raï
Roder	rôder
Secréter	sécréter
Sur	sûr
Tache	tâche

5.2.2 Le mot inséré dans un énoncé

Il est vrai que certains mots n'ont qu'un sens; nous n'avons qu'à penser aux mots suivants : mont-blanc, monte-charge, livarot, liturgie, goulash, fouillis. L'utilisation de ces mots ne pose évidemment aucun problème. Mais il en est bien d'autres qui ont, au cours des âges, acquis des sens différents; on dit alors d'eux qu'ils sont polysémiques, c'est-à-dire qu'ils possèdent plusieurs sens.

Qu'est-ce qui permet alors au lecteur de trouver le sens d'un mot utilisé par l'auteur? Nous allons voir deux facteurs qui jouent dans la quête du sens : le contexte et l'intention de l'auteur.

5.2.2.1 Le contexte

Si le texte que vous lisez renferme le mot « gorille », par exemple, vous devez connaître le contexte pour savoir si ce mot désigne un grand singe anthropoïde ou un garde du corps.

Prenons le cas du mot « trait ». Selon le contexte, le sens de ce mot pourra changer énormément. Voyons quelques exemples :

> Il a rayé le mot d'un **trait**.
> Il a dormi d'un **trait** jusqu'au midi.
> Quel **trait** d'esprit!

Ce mot, vous vous en souvenez sans doute, Edmond Rostand l'a utilisé à deux reprises dans la célèbre tirade du nez :

> « Attendez! Je vais lui lancer un de ces **traits**!... »
> « Le voilà donc ce nez qui des **traits** de son maître »

Dans ces deux vers, « trait » n'a aucun des sens qu'il a dans les trois phrases mentionnées précédemment. C'est le contexte qui permet de choisir le bon sens à donner à ce mot. En contexte, un mot perd sa polysémie, ou presque (voir la section 5.2.2.2).

Il ne vous faudrait pas croire que la polysémie n'appartient qu'au français. Il existe aussi des termes polysémiques en anglais; et là aussi, ce n'est qu'en contexte que le problème de la polysémie sera levé. C'est donc dire qu'il est inutile de chercher dans un dictionnaire unilingue anglais – et encore moins dans un dictionnaire bilingue – le sens d'un mot inconnu tant que l'on ne saisit pas bien le contexte d'utilisation. Lisez et relisez le texte avant de vous jeter sur vos dictionnaires. Votre traduction n'en sera que meilleure.

5.2.2.2 L'intention de l'auteur

Nous avons dit précédemment qu'en contexte un mot perd toujours sa polysémie, ou presque. Pourquoi ajouter « presque »? Simplement parce qu'il peut arriver que l'auteur veuille jouer de la polysémie pour confondre momentanément le lecteur, le déstabiliser dans sa lecture. Il joue alors sur deux claviers : le sens que le lecteur appréhendera fort probablement à la première lecture et l'autre sens que lui veut, en fait, donner au mot.

Prenons l'exemple du slogan suivant : « Tout le monde s'attache au Québec ».

Le lecteur se demande, un court instant, quel sens donner à ce slogan. Deux interprétations sont possibles selon la perception qu'a le lecteur de la préposition « à » (au). D'emblée, le lecteur est porté à considérer « à » comme une préposition vide de sens, qui sert à introduire un complément d'objet indirect (COI), comme dans « On s'attache à quelqu'un, à quelque chose ». Pourquoi? Parce que, placée immédiatement après un verbe, la préposition introduit généralement un COI. Mais cette préposition peut fort bien servir à autre chose; elle peut servir d'indicateur de lieu, comme dans « On s'installe aux États-Unis ». Dans ce cas, le slogan « Tout le monde s'attache au Québec » prend un tout autre sens. Il se lit alors de la façon suivante : « Au Québec, tout le monde s'attache ». Quand on sait que ce slogan a été utilisé dans une campagne de publicité pour inciter les gens à boucler leur ceinture de sécurité, on comprend pourquoi le rédacteur a mis « au Québec » après le verbe. Il voulait dérouter le lecteur, le forcer à faire une deuxième lecture de son message. Il espérait sans doute qu'en en cherchant le sens le lecteur garderait plus longtemps le message à l'esprit.

Le même phénomène se rencontre en anglais. Que peut signifier *Sound Advice*? Vous serez porté, à première vue, à penser qu'il s'agit d'un conseil judicieux. Si l'on sait qu'il s'agit du titre d'une émission radiophonique, l'ambiguïté persistera quand même. En fait, il s'agit d'une émission au cours de laquelle on présente les dernières parutions sur le marché du disque. On joue donc sur le mot *sound*, qui peut être pris comme adjectif ou comme substantif. L'association de ces deux mots pouvait signifier qu'à cette émission on donnait des conseils judicieux, ce qui n'était pas faux; mais on donnait des conseils sur les nouveaux disques. Le concepteur du titre de l'émission a voulu jouer sur les deux sens du mot *sound*.

Ce sont là des jeux de mots que permet la langue. Mais ces usages ne sont pas courants, fort heureusement, car la communication doit être limpide. Vous, en tant que traducteur, devrez bien percevoir l'aspect ludique d'un énoncé, sinon votre traduction perdra toute vraisemblance. À preuve l'exemple suivant et sa traduction :

THE WHINE CELLAR	LA CAVE À VINS
There is an old joke that abuses the segment of the Canadian population which feeds us: What do you have when there are ten Saskatchewan farmers in your basement? A whine cellar, is the correct reply [...]	Il y a une vieille plaisanterie qui circule encore et où l'on se paie la tête des agriculteurs canadiens qui nous nourrissent. L'histoire est sous forme de question : – Qu'est-ce que vous avez lorsqu'il y a dix fermiers de la Saskatchewan dans votre sous-sol? – Une cave à vins! dit la réponse [...]
Could the whine cellar metaphore be applied to biomedical scientists? [...]	Serait-il possible que la métaphore de la cave à vins s'applique aux scientifiques œuvrant dans le domaine biomédical? [...]

De toute évidence, le traducteur s'est fait piéger!

5.3 Les problèmes posés par le choix d'un mot

Nous venons de voir divers facteurs susceptibles d'influer sur le sens d'un mot. Mais ce ne sont pas les seuls à prendre en considération quand vient le temps de choisir un mot, celui qui, idéalement, rendrait parfaitement l'idée. Le problème peut se poser dans l'absolu comme il peut surgir au moment du transfert sémantique.

5.3.1 Dans l'absolu

« Dans l'absolu » signifie sans tenir compte des circonstances. Autrement dit, le simple emploi d'un mot, hors contexte, impose au rédacteur des contraintes qu'il doit connaître.

5.3.1.1 Les exigences de construction

Il existe des verbes dont l'emploi est commandé par un sujet particulier. Prenons les verbes « avoir besoin de » et « nécessiter ». On ne peut les utiliser indifféremment. « Nécessiter » ne s'emploie que si le sujet est un objet. C'est ainsi que l'on dira qu'un texte nécessite certaines corrections. On pourra aussi dire que le texte a besoin de certaines corrections, mais on ne dira jamais qu'une personne nécessite de l'aide. On devra dire qu'elle a besoin d'aide.

En français, on peut **remercier pour** quelque chose ou **remercier de** quelque chose. Pour choisir la bonne préposition, il faut savoir ce que désigne ce quelque chose. Ici, la construction est soumise à la nature du complément.

5.3.1.2 L'angle sous lequel l'objet est considéré (champ lexico-sémantique)

Nous entendons par champ lexico-sémantique la famille des mots qui désignent une même réalité (généralité) considérée sous des angles différents (particularité). Par exemple, si vous voulez nommer une personne qui s'approprie le bien d'autrui, vous aurez plusieurs choix : bandit, brigand, cambrioleur, détrousseur, gangster, larron, malandrin, malfaiteur, pickpocket, tire-laine, truand, pirate, etc. Votre choix dépendra de la particularité de l'appropriation. Tous ces termes désignent une même réalité, mais il est évident que vous ne parlerez pas de pickpocket pour désigner l'aventurier qui courait les mers pour piller les navires, même s'il s'agit, dans les deux cas, d'une appropriation du bien d'autrui. Vous devrez donc chercher dans cette famille de mots celui qui rend bien l'idée que vous voulez exprimer. Pour y arriver, il vous faudra faire la différence entre chacun de ces termes. Car rien de tel que le bon mot pour s'exprimer clairement (voir l'exercice 13).

EXERCICE 13

CHOIX DU MOT JUSTE (CHAMP LEXICO-SÉMANTIQUE)

Directives : Rien de tel que le mot juste pour dire de façon claire et concise ce que l'on veut dire. Pour le choisir, il faut savoir le distinguer des autres mots qui font partie du même champ lexico-sémantique. Pourriez-vous distinguer chacun des termes appartenant à chacun des deux champs mentionnés?

Coiffure :

Barrette
Bavolet
Béret
Bibi
Cabriolet
Cagoule
Canotier
Capeline
Capote
Chaperon
Chapska
Charlotte
Cloche
Feutre
Fez
Galurin
Gibus
Haut-de-forme
Hennin
Keffieh
Melon
Paille
Panama
Shako
Sombrero
Suroît
Toque
Tube

Transfert d'argent d'une personne à une autre :

Addition
Allocation
Appointements
Boni
Cachet
Commission
Émoluments
Gages

Transfert d'argent d'une personne à une autre (suite) :

Gain	Pot-de-vin
Gratification	Pourboire
Guelte	Profit
Honoraires	Provision
Indemnité	Rétribution
Jeton de présence	Salaire
Matelotage	Solde
Note	Traitement
Paie	Vacations

5.3.2 Au moment du transfert

Quand vient le moment de traduire en français un terme anglais, le traducteur doit être conscient de certains problèmes que pose le choix du bon mot. Il doit, par exemple, se méfier d'un mot dont la graphie est identique ou presque dans les deux langues[2]; il doit aussi être conscient de l'insuffisance des dictionnaires bilingues.

5.3.2.1 Le sens et la graphie

Que deux langues utilisent des mots différents pour désigner des réalités différentes n'a rien d'étonnant. Ce qui surprend, par contre, c'est de voir deux langues utiliser des mots de graphie identique (figure / *figure*) ou presque (adresse / *address*) pour désigner des réalités différentes ou non.

Mots de sens différents, à graphie identique

Il arrive qu'un mot appartienne à deux langues différentes, l'une l'ayant emprunté à l'autre. Cela ne signifie pas pour autant que ce mot a la même acception (ou les mêmes acceptions) dans les deux langues. L'évolution du mot dans la langue d'origine peut fort bien avoir été différente de celle observée dans la langue d'emprunt. Il y a alors danger que le traducteur confonde les deux acceptions et qu'il utilise le mot français avec le sens anglais.

2. Pour se familiariser avec ce problème, le lecteur est invité à consulter certains ouvrages qui traitent des faux amis, notamment : M. KOESSLER, *Les faux-amis des vocabulaires anglais et américain*, Paris, Vuibert, 1975; J. VAN ROEY, S. GRANGER et H. SWALLOW, *Dictionnaire des faux amis*, 2e édition, Paris, Duculot, 1991.

« Pamphlet » n'a pas en anglais le même sens qu'en français; « syllabus » n'a pas en anglais le même sens qu'en français; « entrée » n'a pas en anglais le même sens qu'en français. Et combien d'autres!

Chaque fois que le traducteur voit un mot anglais qui lui en rappelle un de sa propre langue, il devrait être sur ses gardes : il y a peut-être là un piège.

Mots de sens différents, à graphie apparentée

Il existe aussi en anglais des mots dont la graphie se rapproche de celle de mots français, mais qui n'ont rien de commun avec eux sur le plan sémantique. En voici quelques exemples :

Noticeable	notable
To demand	demander
To respond	répondre
Achievement	achèvement
To initiate	initier

La même mise en garde s'impose ici : chaque fois que le traducteur voit un mot anglais qui ressemble à un mot français, il doit être aux aguets : il y a sans doute là un piège.

Mots de sens identique, à graphie légèrement différente

Les mots anglais qui rappellent certains mots français n'ont pas nécessairement des sens différents. Ils peuvent fort bien avoir le même sens, même s'ils ont une graphie légèrement différente. En fait, si peu différente qu'il est facile de se faire piéger. *Transfer* / transfert en est un bon exemple (voir l'exercice 14).

EXERCICE 14

MOTS DE SENS IDENTIQUE À GRAPHIE DIFFÉRENTE

Directives : Sauriez-vous écrire sans faute les mots français sosies des mots anglais proposés?

Abandoned
Additional
Aggressive
Arrhythmia
Ballade
Ballistics
Barium
Committee
Cotton
Crystal
Dance
Decaffeinated
Developed
Dictionary
Embarrassed
Enemy
Envelope
Essential
Example
Exercise
Fillet
Flotilla
Hypokalemia
Independent
Literature
Marriage
Material
Mayonaise
Miniscule
Ornamentation
Persistence
Potential
Professional
Project
Rational
Recommendation
Rhythm
Syllable
Traditional
Ventricle
Visionary

Il s'agit là d'un danger dont doit être conscient le traducteur. Une erreur est si vite arrivée, surtout quand le temps presse.

5.3.2.2 L'insuffisance des dictionnaires bilingues

L'utilisation d'un dictionnaire bilingue **ne devrait jamais** être le premier geste à faire quand vient le temps de trouver l'équivalent d'un mot anglais dont on ignore le sens. Une telle consigne peut vous étonner, mais elle est la seule défendable. En effet, si vous voulez savoir ce que veut dire l'auteur d'un texte de départ en anglais, il vous faut d'abord aller chercher le sens des mots dans un dictionnaire unilingue anglais. Ce n'est qu'ensuite que vous serez en mesure de commencer votre recherche du bon équivalent français.

Étant donné que les mots anglais, tout comme les mots français, peuvent être polysémiques, vous devrez, d'abord et avant tout, bien cerner le contexte d'utilisation d'un mot anglais avant de choisir l'acception qui convient. Une fois cette étape franchie, vous irez chercher dans votre bagage cognitif l'équivalent français qui correspond bien à l'idée perçue. Si vous n'y parvenez pas, vous consulterez le dictionnaire bilingue, non pas tant pour y trouver une réponse que pour y trouver un filon qui vous permettra de pousser plus loin votre recherche. Chassez de votre esprit l'idée que l'équivalent recherché se trouve absolument dans votre dictionnaire bilingue.

Le fait qu'un mot ait plusieurs équivalents cause souvent, pour ne pas dire très souvent, un problème : celui du bon choix. Prenons comme exemple le mot « piste ». Ce mot français est polysémique; il sert à désigner diverses réalités, notamment :

1. Trace que laisse un animal sur le sol (la piste des troupeaux); au figuré, chemin qui conduit à quelqu'un ou à quelque chose (brouiller les pistes).
2. Traces des chevaux dans un manège; partie du manège où ils marchent; terrain tracé et aménagé pour les chevaux de course; grand ovale ou anneau où se disputent des courses (piste du vélodrome).
3. Emplacement souvent circulaire, disposé pour certaines activités (piste de cirque, piste de danse, piste de patinage).
4. Chemin non revêtu, notamment en pays peu développé (piste de brousse); parcours aménagé sur le flanc d'une montagne pour le passage des skieurs (piste de ski); partie d'un terrain d'aviation où les avions roulent (piste d'atterrissage); chaussée réservée aux cycles (piste cyclable); piste pour cavaliers en forêt.
5. Ligne fictive d'un support magnétique sur laquelle sont enregistrées des informations (une cartouche huit pistes, piste sonore).

Quiconque aurait à traduire en anglais le mot « piste » devrait déterminer, dans le texte qu'il doit traduire, laquelle des acceptions est la bonne, puis se demander quel peut bien être son équivalent anglais. Le traducteur dont le texte de départ est en français aura, selon l'acception, le choix entre : *track, trail, lead, rink, floor, slope, ring, runway, run, path*, etc.

Le problème se pose aussi quand il travaille de l'anglais au français. Prenons le cas du mot *pouch*, qui est polysémique. Pour le rendre en français, il faut savoir ce que l'auteur du texte de départ avait à l'esprit en l'utilisant. Voici quelques équivalences proposées par le *Robert-Collins* : petit sac, bourse, étui, giberne, blague, valise, poche. Votre choix dépendra, d'abord et avant tout, de la compréhension que vous aurez du texte de départ et également de votre connaissance du sens de chacun des équivalents possibles.

Ce qu'il ne faut pas oublier, c'est qu'il n'est pas certain que l'équivalent recherché soit mentionné dans le dictionnaire bilingue. Voilà donc un autre piège à éviter. Trop souvent l'apprenti traducteur s'imagine que son dictionnaire bilingue a réponse à tout (voir l'exercice 15).

EXERCICE 15

LE DICTIONNAIRE BILINGUE ET LE BON ÉQUIVALENT

Quand on recherche un équivalent, consulter un dictionnaire bilingue en tout premier lieu, c'est admettre inconsciemment que ce dictionnaire le contient obligatoirement. Or, il n'y a rien de moins sûr. Il suffit de comparer la taille d'un *Robert* et d'un *Webster* à celle d'un *Robert-Collins* pour comprendre que ce dernier n'est pas le résultat de l'addition des deux premiers!

Directives : Le dictionnaire bilingue que vous utilisez vous offre-t-il des équivalents pour tous les sens du mot anglais de départ? Vérifiez par vous-même. Vous devrez d'abord établir, à partir d'un dictionnaire anglais unilingue, les différents sens du mot, puis voir ce que votre dictionnaire bilingue vous propose. La conclusion s'imposera d'elle-même.

Affinity
Age
Alive
Argue (to)
Barb
Bridge
Den
Dolly
Embarrass (to)
Emerge (to)
Escort
Essence
Fair
Flavour
Gorge
Gut
Harmonize (to)
Hemisphere
Liaison
Lobby
Sector
Single
Tramp
Transpose (to)

6 LA PHRASE

Nous venons de voir divers facteurs qui influent sur le sens d'un mot, pris isolément ou en contexte, de même que les problèmes que pose le choix du mot quand vient le temps de passer de l'anglais au français.

Une succession de mots, même bien choisis, ne donne pas nécessairement une phrase acceptable.

Le résultat peut être agrammatical, c'est-à-dire qu'il peut ne pas respecter les règles de la grammaire. C'est le cas de l'énoncé suivant : « Moi arriver hier et partir demain. » Quand on commence à parler une langue étrangère, il arrive souvent que l'on s'exprime de cette façon. On arrive quand même à se faire comprendre, car un tel regroupement de mots a un certain sens. Mais en traduction, cela est inacceptable.

Le résultat peut aussi être asémantique, c'est-à-dire dépourvu de sens malgré son respect des règles grammaticales. J'en veux pour preuve la phrase suivante : « La noirceur pédante encombre les velléités architecturales des cardinaux. » Ici encore, cela est inacceptable.

Pour qu'une phrase (prise isolément) ait du sens – c'est précisément ce dernier que vous cherchez en lisant un texte –, il vous faut absolument trouver le rôle de chaque mot dans la phrase (analyse grammaticale) et établir les rapports qui existent entre les segments de l'énoncé (analyse logique)[1]. En lisant les deux exemples qui suivent, pourrez-vous, à la première lecture, assigner à chaque mot une fonction dans la phrase? Ces deux phrases ne prendront leur sens que si vous y parvenez.

However, a small number of open-ended items that are broad in scope and call for the inclusion of many specifics test subject matter comprehensively.

The concept of public or reader is taken into account in all communication acts and conditions both the choice of terms and style of discourse.

De plus, la phrase, tout comme le mot, peut avoir plus d'un sens; tout dépend de son contexte d'utilisation. Et cela indépendamment de la langue. Prenons les exemples suivants :

She walked towards the bank.

Mon frère fut le dernier à se mettre à table.

---

1. M. GREVISSE, *Cours d'analyse grammaticale*, Paris et Louvain-la-Neuve, Duculot, 1969 (livre du maître).

Hors contexte, il n'est pas possible de dire si *bank* signifie banque ou berge ni si « se mettre à table » signifie s'attabler ou passer aux aveux.

6.1 La compréhension de la phrase

On a déjà dit du traducteur qu'il était un auteur en mal d'inspiration. On voulait dire par là que le traducteur a beau produire un texte, aucune des idées exprimées ne lui appartient. Il ne fait que transposer les idées d'un autre; et cet autre, le traducteur n'a pas à le choisir (sauf peut-être en traduction littéraire), pas plus d'ailleurs qu'il n'a son mot à dire à propos de son style. La conséquence en est que le traducteur, que vous voulez devenir, doit pouvoir lire et comprendre toute phrase, simple ou complexe[2]. Il est bien certain que la compréhension d'une phrase simple ne pose pas de difficulté sérieuse; il ne faudrait pas toutefois en conclure qu'une phrase complexe est, par définition même, difficile à comprendre. En effet, la présence d'articulateurs (de conjonctions) aide énormément le lecteur à établir les liens entre les différents segments de l'énoncé. À preuve l'exemple suivant :

> Le premier est l'ascendant, c'est-à-dire une manière impérieuse de dire ses sentiments, que peu de gens peuvent souffrir, tant parce qu'elle représente l'image d'une âme fière et hautaine, dont on a naturellement de l'aversion, que parce qu'il semble que l'on veuille dominer sur les esprits et s'en rendre le maître.

Cette phrase se lit bien (se comprend bien) parce que l'auteur explique ce qu'il entend par « ascendant »; qu'il expose ensuite la conséquence de ce défaut : « peu de gens peuvent le souffrir » et qu'il termine en donnant les deux motifs de cette aversion : « tant parce que… que parce que… ».

Il n'en est pas toujours ainsi, malheureusement! Rappelez-vous la phrase tirée du *Tiers-Instruit* (voir p. 3); le sens ne s'y laisse pas appréhender facilement.

Voici deux exemples de phrases complexes, dont la lecture demande peut-être un peu plus d'attention, sans que pour autant leur sens soit difficile à appréhender.

> Depuis sa naissance, il se répétait que puisqu'il n'avait même pas de nom patronymique dûment enregistré comme la plupart des habitants de Manama, il ne voyait pas pourquoi il se comporterait comme tout le monde et se payerait le luxe d'avoir son ombre derrière lui – tout au moins à certaines heures de la journée – comme font tous les villageois et

2. Vous trouverez à l'annexe 7 un bref rappel grammatical.

> au-delà de son propre village comme font les habitants de tous les villages du monde qu'il n'avait jamais visités[3].

> Igor Stravinsky offre, peut-être, dans les annales de l'Art, l'un des rares exemples du créateur qui, après avoir, en un premier bouquet d'œuvres extraordinairement neuves – insolites pour certaines oreilles – bouleversé les fondements de la musique, apparaissant ainsi comme une manière de force explosive, magnifique, géniale selon les uns, désordonnée, monstrueuse pour d'autres, s'est soudain assagi, et, laissant une bonne part de ses contemporains poursuivre la voie par lui tracée, s'est fait de la façon la plus inattendue, la plus incompréhensible, le défenseur actif de l'ordre, de la règle, de la tradition[4].

Nous l'avons dit précédemment, le traducteur n'a aucun contrôle sur le style de l'auteur du texte de départ. Il doit donc pouvoir comprendre facilement les phrases complexes que contient ce texte. S'il en est incapable, sa traduction sera du charabia.

6.2 La compréhension par l'analyse

Comment alors acquérir cette compétence à comprendre une phrase complexe? Par l'analyse. Analyser une phrase, cela signifie assigner à chacun des mots qui composent la phrase une fonction précise.

Prenons comme exemple la phrase suivante, dont le sens peut, selon le lecteur, être difficile à saisir à la première lecture :

> Parmi toutes les grandeurs du monde, il n'y a rien de si éclatant qu'un jour de triomphe; et j'ai appris de Tertullien que ces illustres triomphateurs de l'ancienne Rome marchaient au Capitole avec tant de gloire que, de peur qu'étant éblouis d'une telle magnificence, ils ne s'élevassent enfin au-dessus de la condition humaine, un esclave qui les suivait avait charge de les avertir qu'ils étaient hommes. (Bossuet)

Pour comprendre cette phrase, il faut la lire, la relire, l'analyser. Le verbe étant l'élément principal d'une proposition[5], les questions fondamentales doivent donc porter sur les

---

3. M. CRESSOT et L. JAMES, *Le style et ses techniques*, 11e édition, Paris, PUF, 1983, p. 260.

4. R. SIOHAN, *Stravinsky*, Paris, Éditions du Seuil, coll. Solfèges, 1959, p. 3.

5. Le mot-clé d'une phrase ou d'une proposition est le verbe. C'est lui qui établit le rapport existant entre le sujet et le complément. Ainsi : « Pierre (verbe) le livre » ne dit rien, car Pierre peut faire une multitude de choses avec le livre : l'acheter, le corner, le brûler, le vendre, etc. Par contre, dire « (sujet) vend le livre » ou « Pierre vend (complément) » a du sens; tous comprennent que quelqu'un vend quelque chose.

verbes. Si vous pouvez répondre aux questions suivantes, il est permis de croire que vous comprenez la phrase.

- À quelles propositions appartiennent les verbes suivants : « ai appris », « marchaient », « étant éblouis », « s'élevassent », « suivait », « avait charge » et « étaient »?
- Quels sont les sujets de ces verbes?
- Quels sont les antécédents des divers pronoms personnels?

Ayant les réponses en main, le traducteur pourra établir le schéma suivant, qui lui permettra de saisir tout le sens de la phrase :

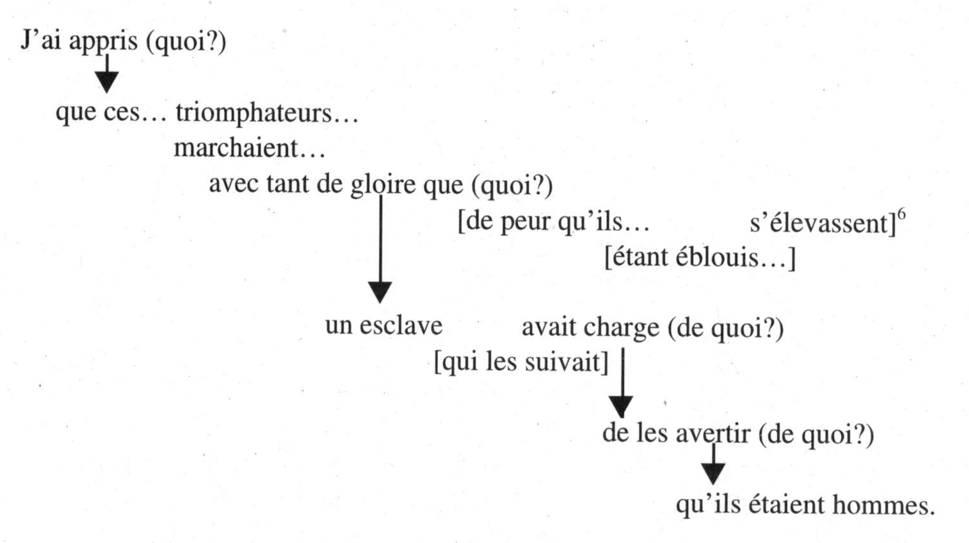

Voilà ce que, avant de traduire, vous devriez toujours faire : **dégager le sens**, par l'analyse. Cet exercice n'est pas nécessairement difficile; il arrive souvent d'ailleurs qu'on le fasse machinalement. Si vous arrivez à comprendre une phrase à la première lecture, c'est qu'inconsciemment vous en avez fait l'analyse.

Ce besoin d'analyse est à la base même de toute compréhension. C'est, d'après la psychologie de l'apprentissage, la façon dont fonctionne l'esprit humain. Ceux qui en doutent devraient savoir que l'analyse est à la base même du bon fonctionnement (relatif, il va sans

6. Les segments de l'énoncé qui s'intercalent dans le fil du discours sont mis entre crochets, sous l'endroit où ils se trouvent dans la phrase originale. Il est ainsi plus facile de faire abstraction de ces segments et de suivre l'essentiel du propos.

dire) des systèmes de traduction automatique[7]. Claude Bureau affirme à propos de l'analyse que, dans le système SYSTRAN, c'est la partie la plus importante du programme. L'analyse représente pour un couple de langues pratiquement les deux tiers des 130 000 lignes de programmation. Bureau enchaîne en disant :

> Son objectif est d'identifier la structure de la phrase en langue source, en traitant lors de passes successives les divers types possibles d'interrelations syntaxiques les uns après les autres.
>
> À chaque étape, elle prend des décisions sur l'existence ou la non-existence de ces interrelations entre les différents mots :
>
> - levée des ambiguïtés homographiques
> - découpage des phrases en propositions principale et subordonnées
> - détermination des relations syntagmatiques de base
> - établissement des énumérations
> - détermination du prédicat principal
> - recherche des sujets des verbes et des antécédences
> - analyse des relations entre les propositions
> - recherche du gouvernement des prépositions

Si la machine doit faire toutes ces opérations pour arriver à un résultat relativement acceptable, le traducteur doit en faire beaucoup plus pour arriver à un très bon résultat.

Comme l'une des deux compétences requises d'un bon traducteur est de savoir lire (savoir comprendre), vous devriez pouvoir faire la preuve que vous la possédez, car rien ne vous sert de tenter de traduire si vous ne comprenez pas le texte de départ.

Pour vous aider à vérifier vos compétences en analyse, nous avons prévu deux exercices. Le premier, l'exercice 16, porte sur des phrases françaises, car il est toujours plus facile d'apprendre dans sa propre langue. Le deuxième, l'exercice 17, ne porte que sur des phrases anglaises.

7. C. BUREAU, « Télécommunications et micro-informatique, les alliés du traducteur d'aujourd'hui. SYSTRAN s'adapte… », *META*, vol. 37, n° 4, 1992, p. 596-609.

EXERCICE 16

ANALYSE DE PHRASES FRANÇAISES COMPLEXES

Directives : Procédez de la façon mentionnée dans le corps du texte. Concentrez-vous d'abord sur les verbes. Vous constaterez, dans les deux premiers exemples, que les auteurs (Bazin et Maurois) manient bien la phrase complexe. Dans les deux derniers, une bonne analyse vous permettra de dégager des erreurs de structure.

1. Tout, en effet, concourt à son succès : le bel exemple de cet enfant du peuple, amoureux de sa langue et qui la maîtrisera comme son forgeron de père maîtrisait respectueusement le fer; une conception nouvelle du rôle de grammairien, préférant le fait à la règle; une constante remise à jour; une érudition jamais rêche, jamais sèche, une somme d'exemples, de citations anciennes ou modernes répondant à d'immenses lectures; et surtout la modernité de l'analyse, jointe au sens de la mesure. (H. Bazin, préface de la 10e édition du *Bon Usage.*)

2. La maladie, en contraignant Proust à s'enfermer pendant une grande part de sa vie, plus tard à ne voir ses amis que la nuit, ou même point du tout, en ne lui permettant de contempler les pommiers en fleurs qu'à travers les vitres closes d'une chambre ou d'une voiture, l'a, d'une part, libéré des servitudes de la vie sociale et rendu disponible pour la méditation, la lecture et la patiente recherche des mots, et, d'autre part, a donné pour lui plus de prix aux beautés de la nature, telles qu'il les avait connues au temps de son enfance heureuse quand, sur les rives de la Vivonne, il regardait avec exaltation les panaches aux fleurs mauves et blanches des lilas de Swann, le reflet du soleil sur un vieux pont ou les boutons d'or de Combray. (A. Maurois, *À la recherche de Marcel Proust.*)

3. La chirurgie du mésentère intéresse toute la chirurgie abdominale tant du fait des impératifs techniques qui la lient étroitement à l'intestin grêle que de la pathologie due à la présence des éléments vasculaires et conjonctifs de cette indispensable lame porte-vaisseaux dont la plasticité a l'avantage de permettre allongement et migration de segments intestinaux, mais aussi les inconvénients inhérents aux accolements des séreuses péritonéales qui la revêtent en cas d'infection ou d'inflammation péritonéale. (*Encyclopédie médico-chirurgicale*, Technique chirurgicale, Appareil digestif.)

4. L'examen, entre autres, des définitions de la traduction que nous offrent les différents théoriciens nous livrera, nous l'espérons, l'essentiel des critères sur lesquels on s'appuiera pour juger de la « qualité! » d'une traduction et servira, dans la seconde partie de notre travail, de toile de fond pour mieux apprécier les recherches menées au cours des dernières années en matière d'évaluation des traductions et d'éclairer un peu plus les choix de traduction non pas entre traduction littérale et traduction libre, mais entre traduction dialectiquement fonctionnelle et non fonctionnelle. (R. Larose, *Théories contemporaines de la traduction.*)

EXERCICE 17

ANALYSE DE PHRASES ANGLAISES COMPLEXES

1. Since he wishes also to present the people in the village as living human beings, to give us a sense of their way of life as if it were actually taking place before our eyes, he uses a great deal of description and narration to convey his informations.

2. One of the problems which has intrigued philosophers for many years and which is still debated today, largely because of its involvement with totalitarian doctrines, is whether the inventor is a free intellect operating on his own initiative or whether he is merely an agent of society.

3. Moreover, if the deficiency is a significant one, both the financial and prestige rewards for the individual who remedies it are likely to be more considerable than those for one who devotes his attention to some problem in which the society is not particularly interested.

4. Apparently these techniques became too effective, resulting in widespread hardship and, finally, social revolt, and a period of confusion followed from which Egyptian culture emerged in very much the form it kept for the next thousand years.

5. Since there was no change in the basic economy as far as we know, it seems probable that the establishment of centralized government and the elimination of the constant wastage involved in the wars between the nomes was the significant factor.

6. If nothing else, our willingness to deal realistically with the problem of war, even in the face of modern atomic developments, is likely to bring this period of rapid scientific advance to a close simply by the destruction of the economic surpluses upon which the leisure required for scientific investigation and the funds required for laboratory apparatus depend.

7. The joint family structure described here is today more characteristic of rural than of urban families, of the upper caste and wealthier strata of society than of the lower and poorer strata, of the more orthodox sectors than of those which have taken over Western traits, and of Hindu than of Muslim communities. But even among urban and westernized and Muslim families the patterns of interpersonal relationships set by the joint family are not wholly ignored, and the model of the orthodox, scriptural joint family still has influence everywhere in India.

8. When a man gets a job in a factory and earns his pay independently of the efforts of his parent and brothers, he is not so prone to turn over his earnings to the common family fund as was the case when he and his brothers worked the soil together. Nor is the physician who begins to enjoy the returns from a practice which he himself has established so apt to merge his career with the fortunes of the whole family as was the case when the livelihood of all members of the joint family was derived from the yield of ancestral property or, say, from the joint services of the men of the family as temple priests.

9. There has always been a significant division between the urban and rural populations of the Arab world, and between the settled population and the nomads of the desert. The gaps that separate these groups have been considerably narrowed by the radio and by the growth of nationalist political activity with its appeals to the whole population, its public festivals, and its national crises in which everyone, regardless of class or occupation, is swept up in the excitement of danger and the flush of victory.

10. A Western-style school means Western clothes, a Western-type home with a certain amount of freedom for its women, use of Western languages, and a Western kind of job in business, government, or the professions, though all this may be tempered by a generous measure of nationalism and hostility to Western "imperialism and colonialism." But even so, the rise of nationalist sentiment has narrowed the gap between the man in the turban and robe and the man in the Western suit, by drawing the former into politics and the latter into more conscientious use of the Arabic language and more careful performance of Muslim rites, as at Ramadan.

11. The prime social occasion is a wedding, and in the preparation and celebration of this event members who have strayed from the familial hearth—even whole sections of the family that may have gone off—are usually drawn back into the household for the affair and participate in a common family enterprise once again.

6.3 La traduction de la phrase anglaise

Une fois la phrase anglaise comprise, vous devez la traduire. C'est à ce moment précis que se pose à vous un problème particulier, qui pourrait être formulé de la façon suivante : « Doit-on, dans la traduction, respecter la séquence des mots ou des propositions de la phrase anglaise? »

Si vous ne voyez pas la raison pour laquelle il devrait en être autrement, c'est que, pour vous, la syntaxe de la phrase française est la même que celle de la phrase anglaise. Tel n'est pas le cas[8]. Vinay et Darbelnet[9] nous ont appris que « le français ne commence pas par l'essentiel, mais achemine le lecteur vers le but de l'énoncé, qui joue ainsi le rôle de point culminant du message » (p. 202). Ils en tirent quelques conséquences (p. 203) :

> Puisque le propos est rejeté vers la fin, les circonstancielles, qui ne font que le qualifier sans être le but véritable du message, seront placées de préférence en tête de phrase ou avant le verbe surtout si elles ont un sens causal – ce qui correspond bien au plan de l'entendement, la cause précédant l'effet.

8. Pour faire une étude différentielle plus poussée et plus théorique, voir J. GUILLEMIN-FLESCHER, *Syntaxe comparée du français et de l'anglais. Problèmes de traduction*, Paris, Éditions Ophrys, 1981.

9. J.-P. VINAY et J. DARBELNET, *Stylistique comparée du français et de l'anglais*, Montréal, Beauchemin, 1958.

Une phrase qui tend à commencer par le propos sera fréquemment présentée par un artifice stylistique permettant de rejeter le propos vers la fin. Ce trait caractéristique de la démarche du français, nous lui donnerons le nom de tour de présentation.

C'est sans doute à ce besoin du français de présenter sa phrase, et de préciser de toutes les manières possibles le thème (sujet psychologique) avant d'amener le lecteur au propos (prédicat psychologique) qu'il faut attribuer la prédilection de cette langue pour les mots ou groupes de mots destinés à préciser la place d'un argument dans le déroulement de la pensée (les charnières).

Voici deux exemples[10], choisis parmi tant d'autres, qui donnent raison à Vinay et Darbelnet :

*Presentation is not one of the most important aspects of Bocuse's cooking—**though the poulet de Bresse au feu de bois appears, theatrically, with embers from the fire on which it was cooked**.*	**À part quelques plats comme le poulet de Bresse au feu de bois, servi de façon spectaculaire sur les braises du feu où il a cuit**, la présentation ne joue pas un rôle important chez Bocuse.
*For what seemed at least five minutes, he did not take his eyes off her **as she leaned with her elbows in the window**.*	Pendant cinq bonnes minutes, **tandis qu'elle restait accoudée au rebord de la fenêtre**, il ne la quitta pas des yeux.

Ce phénomène ne touche pas que les propositions circonstancielles. À preuve, les deux exemples suivants, tirés de la même source :

Then add the cream, **all at once, whisking as you do it**.	Ajouter, **rapidement, en fouettant**, de la crème fraîche.
*There are 18,000 post offices **in France** and one wherever you are.*	**En France**, il y a 18 000 bureaux de Poste (*sic*) : il y en a toujours un là où vous êtes.

6.4 La variation dans la formulation

Fort de ces nouvelles connaissances ou de ce rappel, vous comprendrez que, dans vos traductions, vous devrez opter pour les tournures idiomatiques[11]. Si, dans les quatre exemples

10. Cités par J. GUILLERMIN-FLESCHER (voir la note 8, p. 96).

11. Reportez-vous aux cinq qualités d'une bonne traduction (chapitre 4).

qui viennent d'être cités, le traducteur a choisi de changer l'ordre des segments, c'est qu'il considérait que sa formulation était plus française.

Pour arriver à vous exprimer de façon idiomatique, il faut que vous oubliiez la phrase anglaise et que vous essayiez de dire la même chose dans vos propres mots. Il existe en français diverses façons d'exprimer une idée; c'est ce que l'on appelle les **variantes syntaxiques**. L'idiomaticité ne se résume pas à un simple déplacement des segments de l'énoncé; elle fait aussi appel à la **reformulation**, c'est-à-dire à l'expression de la même idée à l'aide de mots tout à fait différents.

Dites-vous qu'il y a peut-être une meilleure façon que celle qui vous vient d'abord à l'esprit de rendre le message que vous avez saisi dans le texte anglais.

6.4.1 Les variantes syntaxiques[12]

Si, par exemple, vous voulez exprimer l'idée qu'il se publie actuellement beaucoup de romans au Québec, plusieurs variantes syntaxiques s'offrent à vous :

- **Forme passive :** Beaucoup de romans sont publiés actuellement au Québec.
- **Forme active :** On publie actuellement beaucoup de romans au Québec.
- **Forme pronominale :** Il se publie actuellement beaucoup de romans au Québec.
- **Sujet exprimé :** Le Québec publie actuellement beaucoup de romans.
- **Tour de présentation :** Il y a beaucoup de romans publiés actuellement au Québec.
- **Mise en relief :** C'est au Québec qu'on publie actuellement beaucoup de romans.
- **Forme substantivée :** La publication de romans est importante actuellement au Québec.
- **Circonstanciel antéposé :** Actuellement, on publie beaucoup de romans au Québec.
Au Québec, on publie actuellement beaucoup de romans.

N.B. Toutes les phrases n'offrent évidemment pas un aussi grand choix de variantes syntaxiques. Dans une phrase simple, les possibilités sont réduites; par contre, dans une phrase complexe, on pourra non seulement changer la structure des propositions, mais aussi les déplacer.

12. Exemples empruntés à P. HORGUELIN, *Structure et style*, Brossard, Linguatech, 1993, p. 19.

6.4.2 LA REFORMULATION

Étant donné que c'est le message et non les mots que vous devez traduire, il peut fort bien arriver que vous deviez, pour produire un texte plus français, utiliser d'autres mots que les équivalents des mots anglais. Il vous faut alors reformuler l'idée, sans la modifier. Et la reformulation ne porte pas que sur les proverbes ou les dictons comme « qui trop embrasse mal étreint » / *grasp all, lose all*. Elle est d'autant plus nécessaire que l'anglais s'exprime en favorisant le plan de réel[13], alors que le français privilégie le plan de l'entendement (voir Vinay et Darbelnet, ouvrage cité, p. 58 et suivantes). Et cette particularité n'est pas réservée qu'à des textes littéraires. À preuve, la première phrase du court extrait suivant tiré d'un texte (technique) sur les limites de résolution du microscope optique.

> *A coarse probe cannot be used to search out a fine crevice. Light is the probe that is employed with the microscope, and the coarseness of this probe is unalterably set by the wavelength of visible light (0.4 to 0.7 μ). No matter what lens system is employed, light cannot be used to distinguish clearly the structure of objects that are smaller and no farther apart than about half its wavelength (say 0.2 μ).*

Traduire cette première phrase par « Une sonde grossière ne peut être utilisée pour chercher une mince fente » manifesterait chez le traducteur une grande capacité à traduire des mots, mais certainement pas une grande capacité à comprendre. Ici, il faut absolument reformuler l'idée saisie, à la condition évidemment de l'avoir saisie, c'est-à-dire d'avoir compris. Une lecture attentive de cet extrait permet de relever la reprise de deux idées : *coarse probe* et *coarseness of this probe*, et *cannot be used to* (à la 1re ligne [1re phrase] et à la 4e ligne [3e phrase]). Cela vient éclairer le texte. Une traduction possible de la 1re phrase (expression du sens par reformulation) serait : « Un travail délicat exige plus qu'un outil grossier. » Ou : « Un travail délicat ne peut se faire avec un outil grossier. »

Si vous étiez appelé à traduire *All this has changed*, hors contexte, en combien de formulations différentes pourriez-vous exprimer cette idée? Essayez d'en trouver cinq. Si vous y parvenez, dites-vous qu'il en existe bien d'autres[14]. Cette capacité de reformuler une idée est essentielle pour le traducteur. S'il ne l'a pas, il écrira certes avec des mots français, mais la tournure, elle, sera anglaise.

Vous trouverez à l'exercice 18 différentes phrases à traduire. Reformulez-les de diverses façons.

---

13. Le texte 4, dans la cinquième partie, en est un parfait exemple.
14. Voir différentes possibilités à l'annexe 8.

EXERCICE 18

REFORMULATION

Directives : D'abord, il vous faut bien saisir le sens des différentes phrases. Une fois en possession du message, formulez-le de diverses façons.

1. The answer, of course, is pretty much what I expected: all too long ago.
2. We can observe interferences both in novices and in advanced translators.
3. This book begins by investigating the mental processes of students when they translate.
4. Monolingual dictionaries are more helpful in analyzing source text words, because they define meaning within one language system.
5. I have mentioned above that there is a close interaction between comprehension and production of linguistic utterances.
6. Two terms often used to describe uncertainty in measurements are precision and accuracy.
7. A theory (often called a model) consists of a set of assumptions put forth to explain the observed behaviour of matter.
8. One method for disposing of waste solvents is to burn them at sea on incinerator ships.
9. Matter exists in three distinct physical states: gas, liquid, and solid.
10. Before the invention of the transistor at Bell Laboratories in 1947, amplification was provided exclusively by vacuum tubes, which were both bulky and unreliable.
11. Tetanus is an intoxication with the exotoxin of *Clostridium tetani* and is characterized by intense, severe muscle spasms.
12. Few political families have symbolized the promise and disorder of modern Mexico as dramatically as the House of Salinas.
13. Instability escalates in Russia as Yeltsin's health and the country's finances take a turn for the worse.
14. The ultimate goal of intermediary metabolism is to determine all the reactions undergone by the various molecules which enter the body, by normal or other means, from the time they enter until they or their derivatives leave the body.
15. Hematology is traditionally defined as the study of the formed elements of blood.
16. Fever is an almost universal response of warm-blooded animals to infection.
17. As NATO and the Organization for Security and Cooperation in Europe (O.S.C.E) face up to the dark options in Kosovo, a larger issue is at stake than just how to respond to a massacre.

7 LE PARAGRAPHE

Pour que votre dire corresponde parfaitement à votre vouloir-dire, il vous faut non seulement savoir choisir le bon mot, mais aussi savoir l'intégrer dans une phrase bien structurée, c'est-à-dire où chaque mot joue un rôle bien déterminé. La phrase peut certes être polysémique, tout comme le mot. Rappelez-vous les exemples cités au début du chapitre 6 : « Mon frère fut le dernier à se mettre à table » et *She walked towards the bank*. Seul le contexte en gomme la polysémie, et le contexte d'une phrase, c'est, d'abord et avant tout, le paragraphe où elle se trouve.

Jusqu'à présent, nous avons examiné le mot (voir le chapitre 5) et la phrase (voir le chapitre 6). Il nous faut maintenant regarder de plus près le paragraphe, qui est l'unité de base du texte, le texte étant ce sur quoi vous, en tant que traducteur, aurez à travailler. Nous allons voir ce qu'est le paragraphe; quelles sont ses caractéristiques; quels sont les moyens dont dispose le rédacteur, aussi bien celui du texte de départ (l'auteur) que celui du texte d'arrivée (le traducteur), pour que ses paragraphes aient ces caractéristiques; en quoi consiste l'organisation interne du paragraphe et finalement les problèmes de cohérence qui peuvent se poser au traducteur.

7.1 La définition du paragraphe

Voyons d'abord comment *Le Nouveau Petit Robert* définit le paragraphe : « Division d'un écrit en prose, offrant une certaine unité de pensée ou de composition. » On pourrait aussi en donner la définition de A. Arénilla-Béros[1] : « Le paragraphe, petite section d'un chapitre comprise entre deux retours à la ligne, est déterminé par le sens; c'est une unité logique, un groupe de phrases organisées autour d'une idée-force, ou correspondant à une étape du récit. »

7.2 Les caractéristiques du paragraphe

Si le paragraphe est défini comme toute partie de texte comprise entre deux retours à la ligne, l'inverse n'est pas nécessairement vrai. Quelles sont donc les caractéristiques que doit posséder cette partie de texte comprise entre deux retours à la ligne pour mériter le nom de paragraphe?

1. A. ARÉNILLA-BÉROS, *Améliorez votre style*, Paris, Hatier, coll. Profil Formation, 1983, tome 2, nº 365, p. 35.

Dans les manuels de rédaction, on considère qu'un bon paragraphe anglais[2] doit présenter deux caractéristiques obligatoires, l'**unité** et la **cohérence**, et une autre caractéristique fortement recommandée, une *topic sentence*, ou phrase-clé.

Examinons le paragraphe suivant[3] et demandons-nous s'il répond aux trois exigences précitées :

IN SEARCH OF A CAREER[4]

[1] *In the year 1859 a great event occurred in England that sent shock waves across the world.* [2] *It was not an outbreak of war—although men said it would destroy all that they most cherished.* [3] *It was not some great epidemic, or a terrible earthquake, or a violent revolution—although people discussed it as if it were all of these things.* [4] *The event was the publication of a book with an extremely long title:* The Origin of Species by Means of Natural Selection, or the Preservation of Favoured Races in the Struggle for Life. [5] *Its author was a fifty-year-old country gentleman named Charles Darwin, who believed that he had discovered a great truth about living things.* [6] *It was so new, so incredible, and it so completely upset established ways of thought that for twenty years he had kept it to himself, confiding only in a few scientific friends in England and the United States.* [7] *The idea he set forth in his book was the theory of evolution by natural selection.*

7.2.1 L'unité

L'unité y est. L'auteur n'aborde qu'un aspect : la publication d'un livre-choc.

Tout comme la phrase est un groupe de mots exprimant une idée, le paragraphe est un groupe de phrases qui développent une idée. Le lecteur devrait être mieux informé sur le sujet à la fin d'un paragraphe, fin qui est signalée par un retour à la ligne. Chaque fois que le lecteur rencontre cette particularité, il sait automatiquement que le développement d'une idée est terminé, ou du moins devrait l'être. Le paragraphe suivant, qui commence avec ou sans alinéa[5], aborde une autre idée ou un autre aspect d'une même idée.

2. G. BANDER ROBERT, *American English Rhetoric*, 2e édition, New York, Holt, Rinehart and Winston, 1978.

3. W. KARP, *Charles Darwin and the Origin of Species*, New York, Harper & Row, 1968, p. 11.

4. La numérotation des phrases ne vise qu'à faciliter la référence au texte.

5. Pour en savoir plus sur l'alignement des paragraphes dans un texte, le lecteur consultera : A. RAMAT, *Le Ramat de la typographie*, Montréal, Aurel Ramat, 1999, p. 18.

En anglais comme en français, chaque paragraphe développe une idée et une seule. C'est dire que tout ce qui sera mentionné dans le paragraphe (faits, raisons, exemples, etc.) devra être pertinent. L'introduction d'éléments non reliés directement au sujet ne ferait que dérouter le lecteur, l'amener à se poser des questions et, donc, troubler sa compréhension.

L'exercice 19 vous permettra de vérifier votre compétence à dégager les éléments pertinents et non pertinents d'un paragraphe.

EXERCICE 19

UNITÉ DU PARAGRAPHE

Directives : Lisez attentivement les paragraphes suivants et rayez la phrase qui, d'après vous, n'appartient pas au paragraphe. Ce faisant, vous reconnaissez le caractère non pertinent de cette partie de l'énoncé.

1. Pearls are gathered by men known as pearl divers. Actually, these men do not dive. They are lowered by a rope to the bottom of the sea. Many tourists to Japan enjoy shopping for cultured pearls. Pearl gatherers work in pairs, with one remaining at the surface to help the other return from his dive. An experienced pearl diver can stay down about a minute and a half and can often make as many as thirty dives in one day.

2. For hundreds of years, man has made use of the talents of monkeys. Egyptian paintings of 2000 B.C. show baboons gathering fruit for their masters. Even in 1879, in Abyssinia, monkeys were still being used as torchbearers at feasts. The monkeys would sit in a row on a bench and hold ligths until the guests went home. Then the monkeys would eat. Most of the world's zoos contain a variety of monkeys for people to watch.

3. Except for some bare spots and a few mountain peaks, Antarctica is covered with an icy frosting perhaps 2,000 feet deep. Along the coast, the frosting spills off into the Ross and Weddell Seas, forming a great ice barrier. This ice is not ice as we know it. It is névé, or glacial snow that has been pressed together. A refrigerator permits people to keep food fresh for long periods of time. Long ago, during the Ice Age, névé covered other areas of the world. Today, Antarctica still remains in the Ice Age.

4. Millions of years ago, Australia was linked to Asia by a land bridge. Then an earthquake caused the land bridge to buckle in deep folds. The sea rushed in, and Australia became an island. When the Christmas holidays arrive, the climate in Australia is sunny and warm. Many animals that once wandered back and forth across the land bridge were stranded in

Australia. The gentle marsupials (animals with pouches) were among the stranded. Though fierce beasts killed them off elsewhere, they were able to survive in Australia.

5. Growing dwarfed, or miniature, trees is not only a challenging craft but also a decorative art form. This hobby has been practiced for centuries in the Orient. A popular word for this attractive nature hobby is the Japanese term bonsai, although the Chinese have had an equally notable history in dwarfing trees. The chrysanthemum is a traditional Japanese flower.

7.2.2 La cohérence

On dit qu'un texte est cohérent si l'auteur amène bien son sujet, si l'ordre de présentation des divers éléments est logique, si l'idée exprimée par la phrase *n* découle logiquement de la phrase précédente et annonce bien la phrase suivante, autrement dit s'il y a un fil conducteur. Nous examinerons plus loin l'organisation interne du paragraphe (voir la section 7.5).

Voici la preuve graphique de la cohérence du paragraphe sur Darwin. La cohérence saute aux yeux, une fois que les liens sont bien établis.

[1] Il s'est passé quelque chose d'important en 1859 qui a bouleversé le monde.

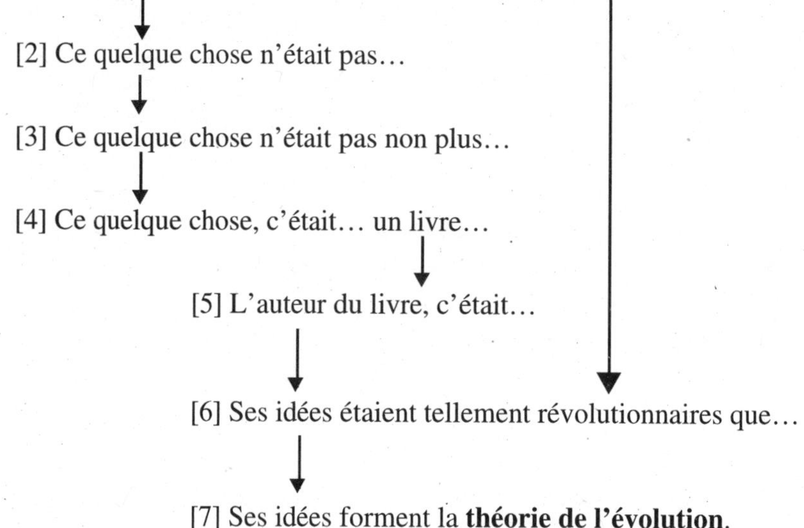

Pour ce qui est de la preuve linguistique, c'est-à-dire des moyens utilisés par l'auteur pour donner à ses paragraphes de la cohérence, nous préférons en retarder le traitement après avoir abordé la troisième caractéristique : la phrase-clé (ou *topic sentence*).

7.2.3 La phrase-clé (ou *topic sentence*)

Comme chaque paragraphe développe une seule idée, le rédacteur a généralement pris soin d'en éliminer tout élément qui ne serait pas pertinent (objectif de l'exercice 19). Qui plus est, le rédacteur de langue anglaise a la délicatesse de bien faire savoir à son lecteur quelle idée il développe. Pour ce faire, il incorpore dans son paragraphe une phrase-clé dite en anglais *topic sentence*.

En français, la phrase-clé ne fait peut-être pas partie des canons de la bonne rédaction, mais le principe en est sous-entendu : c'est l'idée unique que le rédacteur est censé aborder. Le lecteur doit avoir la compétence de la dégager.

Dans le paragraphe sur Darwin, c'est la phrase 1 qui joue le rôle de phrase-clé. L'auteur nous parle d'un événement-choc : *great event* et *shock waves*. Le reste du paragraphe développe les deux éléments-clés de cette phrase. D'une part, il précise la nature de cet événement, en commençant par dire ce qu'il ne fut pas (2 et 3), pour finalement nous dire ce qu'il fut : la publication d'un livre (4) écrit par C. Darwin (5). D'autre part, l'auteur explicite ce qu'il entend par *shock waves* : c'est un ouvrage qui bouleversa tellement toutes les idées reçues que Darwin s'est bien gardé d'en parler durant une vingtaine d'années, sauf à quelques intimes (6). Ce livre présente la théorie de l'évolution par la sélection naturelle (7).

L'exercice 20 vous permettra d'évaluer votre capacité à détecter, dans un paragraphe anglais, cette phrase-clé si importante pour la compréhension du texte.

EXERCICE 20

RECHERCHE DE LA PHRASE-CLÉ

Directives : En anglais, il est de coutume d'introduire une phrase-clé dans un paragraphe. Voici une douzaine de paragraphes, tous rédigés par divers auteurs anglophones. Ils devraient donc contenir une phrase-clé. Est-ce bien le cas? Si oui, soulignez-la et remarquez la place qu'elle occupe dans le paragraphe.

1. Despite its long history of use, relatively little is known about the chemical composition of coal. This is due in large part to the highly complex and variable nature of coal. Coal is composed of

fossilized plant fragments together with minerals, water, and gases trapped in a porous matrix. There is tremendous variation in the composition of coal from different deposits and even within a given deposit. This makes it difficult to develop general procedures for processing raw coal.

2. In the small French town, the town clerk spends two hours or so talking in the café every day. The village doctor often drops in for an aperitif when he is between calls. People from outlying sections of the valley who come to the village only on official business at the town hall drop into the café and leave news of their neighbourhood. Through the café owner the postman relays messages that he has been given on his route. With these and many other sources of information at his disposal, the café owner usually knows better than anyone else in the village the news of the community.

3. Japanese women have changed since the war. They have become prettier, brighter, more decisive, more outspoken. The young people certainly are far more logical and far less sentimental than the prewar generations. Some regret this. They think women, in gaining their freedom, have lost their femininity—their modesty, their warmth, their shy grace. They accuse women of being drawn to superficial things. A modern Japanese woman, they say, instead of trying to enrich her inner self, is in a mad scramble to ape anything that is new and foreign—fashions, cosmetics, hairdos, rock-and-roll. And there are many Japanese who say that a caricature of an up-to-date wife is one who sits beside a washing machine in a house that has no hot running water.

4. Most of us have visited an old friend or a grandmother in a retirement home. Such visits are always disturbing. Grandma complains that her neighbour disturbs her sleep with loud snoring, that she hates the bread pudding she is given frequently. The help moves her slippers every day from where she puts them, and they steal the small change she leaves on her dresser. Finally, when you present her with a tin of her favorite cookies, she reprimands you for having forgotten that she cannot pry the lid off with her arthritic fingers. You are devastated.

5. One of the more abundant and troublesome atoms in coal is sulfur. Although the original plants that formed coal are thought to have had only about 0.5% sulfur content, some coal, particularly that mined in the Midwest, contains more than 10 times this much sulfur. This high sulfur content is thought to be the result of bacterial action. Apparently the plants were submerged in brackish water containing large amounts of sulfate ions. As a bacteria living in the water consumed the sulfate, which served as a source of oxygen for them, the sulfur that remained was deposited in the sediment and became trapped in the coal.

6. One of the most striking and recent observations of researchers has suggested the very possibility that some persons may be able to see with their fingertips. The first word of this strange observation came from a Russian scientist. He reported the case of a remarkable twenty-two-year-old girl. She could detect color by her sense of touch and read a newspaper by running her fingers over the print. American scientists received the news with some doubts. However, their doubts soon turned to wonder when an American scientist reported an American woman who could identify colors by touch alone. Meanwhile, the Russians claim to have turned up two more cases of fingertip seeing. Such cases seem to indicate strongly that certain human beings may indeed possess this sixth sense.

7. The classic form of the family in India is that of the joint family. It is prescribed in certain of the sacred Hindu books and has prevailed in the land for centuries. The joint family structure described here is today more characteristic of rural than of urban families, of the upper caste and wealthier strata of society than of the lower and poorer strata, of the more orthodox sectors than of those which have taken over Western traits, and of Hindu than of Muslim communities. But even among urban and westernized and Muslim families the patterns of interpersonal relationships set by the joint family are not wholly ignored, and the model of the orthodox, scriptural joint family still has influence everywhere in India.

8. The interpretation of words is a never-ending task for any citizen in a modern society. We now have, as a result of modern means of communication, hundreds of thousands of words flung at us daily. We are constantly being talked at, by teachers, preachers, salesmen, public officials, and motion-picture sound tracks. The cries of the hawkers of soft drinks, soap chips, and laxatives pursue us into our very homes, thanks to the radio—and in some houses the radio is never turned off from morning to night. Daily the newsboy brings us, in large cities, from thirty to fifty enormous pages of print, and almost three times that amount on Sunday. The mailman brings magazine and direct-mail advertising. We go out and get more words at bookstores and libraries. Billboards confront us on the highways, and we even take portable radios with us to the seashore. Words fill our lives.

9. The vegetable and fruit and flower merchants are surrounded by baskets of purple eggplant, green peppers, strings of tiny silvery onions, heads of bitten Indian spinach, and a dozen Indian vegetables for which I don't even know the English names. I had forgotten about the profusion of fruit in India—it is only during the brief, intense summer that you see much variety of fruit in Moscow. In Russia, as winter approaches, all vegetables except for potatoes and the pervasive cabbage in soup seem to disappear from the menus.

10. Then, in the evening, you sit down to watch the news on television. The first of two important cases before the Supreme Court is whether it is constitutional for the city of Podunk to ban the sale of the magazine Skinnydipping. The other is a suit by a Mr. Seth Jones who was denied a fireman's job and claims that his state's equal employment law is unconstitutional because it lists women as minorities when in fact they are the majority. The next TV report is on a study that our grade schoolers have finally scored higher in science and math than students in Outer Mongolia. At a White House press conference, the question is raised about whether sugar subsidies are appropriate given the new report by the Surgeon General declaring that Americans consume too much refined sugar. The President agrees with both, and sees no conflict. Finally, the local news reports that two apartment buildings have burned down. One of the big fires was due to faulty wiring and the other is of a suspicious nature. The police reports three homicides and no arrest. It seems that everything is going downhill in the United States, but is it really, or are you just getting senescent and grouchy?

11. Those who have made thorough studies of the vocabularies of aboriginal languages have found that these languages have rich resources of available words. The Maya language of Yucatan has

at least 20,000 words, the Aztec of central Mexico about 27,000, and Zulu language of South Africa possesses more than 30,000. Some other languages may not have as many, but the vocabulary of any language, irrespective of how primitive the people may seem, must be reckoned in thousands, not in hundreds of words.

12. You love her and remember how excited she was when you first taught her to drive your new car not too many years earlier. What a wonderfully vivid diary she kept during her bus tour across Europe, which she took after being widowed. Then you have to wonder if it is perhaps you who have become less patient as you have gotten older. After all, the old lady does have arthritis, and perhaps they do pilfer small change, and you don't like bread pudding yourself. You can never be sure if your perception that she has deteriorated is not all in your own mind. You just have to shrug it off, and get on with your life.

7.3 Les moyens d'assurer la cohérence du paragraphe

Nous avons déjà montré graphiquement qu'il y a cohérence dans le paragraphe sur Darwin, mais nous n'avons pas expliqué, d'un point de vue linguistique, pourquoi il en est ainsi. Quels sont donc les moyens dont dispose un auteur pour donner à son texte cette cohérence? Au fur et à mesure que nous les présenterons, nous verrons leur utilisation dans ce paragraphe sur Darwin.

7.3.1 La cohérence ou le développement logique d'une idée

Compte tenu de ce qui vient d'être dit sur les qualités d'un paragraphe, on peut d'ores et déjà affirmer que l'unité est absolument essentielle à la cohérence. Mais suffit-elle? J'en veux pour preuve le court paragraphe suivant formé de trois phrases qui sont toutes pertinentes :

> [1] *This hobby has been practiced for centuries in the Orient.* [2] *Growing dwarfed, or miniature, trees is not only a challenging craft but also a decorative art form.* [3] *A popular word of this attractive nature hobby is the Japanese term bonsai, although the Chinese have had an equally notable history in dwarfing trees.*

Malgré son unité, ce paragraphe n'est pas cohérent; il lui manque ce quelque chose qui nous ferait dire que l'auteur a de la suite dans les idées. Un paragraphe n'est donc pas qu'une simple succession de phrases portant sur un même sujet. Par ailleurs, ces phrases doivent être placées dans un certain ordre, car **cohérence signifie développement logique d'une idée**. Le manque de cohérence vient du fait que la séquence originale des phrases, à savoir 2, 1 et 3, a été malicieusement modifiée pour les besoins de la cause. Cette bonne séquence, vous l'aurez certainement déduite. Mais sauriez-vous dire les raisons qui ont motivé votre décision de mettre les phrases dans le bon ordre?

7.3.2 Les moyens proprement dits

Il est possible, sans disposer de connaissances approfondies, de rétablir la logique d'un texte (voir l'exercice 21), de trouver la bonne séquence des phrases, sans pouvoir nécessairement s'étendre sur le sujet. Ce n'est toutefois pas toujours le cas. Vous devez donc, pour être un lecteur efficace, fonctionner autrement que par intuition. Vous devez pouvoir reconnaître les moyens qu'a utilisés un auteur (voir l'encadré ci-dessous) pour vous faciliter la compréhension de son texte à la première lecture.

Moyens d'assurer la cohérence d'un paragraphe

A. Recours à un élément non linguistique

B. Recours à un élément linguistique

1. Utilisation d'un même mot
2. Utilisation d'un autre mot
    a) Un anaphorique
    b) Un indicateur de rapport

EXERCICE 21

COHÉRENCE

Directives : Précisez ce sur quoi vous avez dû vous baser pour remettre en ordre les phrases suivantes. Quand vous aurez fini de lire la section sur les moyens d'assurer la cohérence d'un paragraphe, vous comprendrez mieux ce que, instinctivement, vous aurez fait sans difficultés majeures. Mais ce ne sera pas toujours aussi facile.

1. [1] Then he brushes his teeth, puts on his coat, and says goodbye before he leaves for the office. [2] If this happens, his mother wakes him up so that he won't be late for work. [3] George always shaves and dresses before eating. [4] When the alarm clock rings, George wakes up and shuts it off. [5] Sometimes he falls asleep again. [6] After he finishes breakfast, he usually reads the morning newspaper.

2. [1] Pine trees grew down to the lake's edge, so we had to walk through a small pine forest to reach the water. [2] We drove as close as we could to the lake, parked the car, and got out. [3] John was the first one to dive into the lake. [4] As we drove down the road, the lake came into view. [5] He laughed at us for being afraid to get our hair wet. [6] We decided to stop and take a swim for an hour.
3. [1] Fifth, place logs and larger pieces of wood over the branches. [2] Second, twist newspaper into small knots. [3] You will be rewarded with a roaring blaze. [4] Fourth, cover this pile with a few small branches. [5] You should follow several steps if you want to build a campfire. [6] Third, make a pile on the ground of several paper knots. [7] Lay the larger pieces of wood on the campfire from different directions. [8] First, collect a good supply of wood, both small branches and larger logs. [9] Finally, strike a match and ignite the paper at the bottom of the campfire, lighting it in several places.
4. [1] I didn't mind waiting for the seasons to change, though, for the best time of all is Paris in the spring. [2] I used to watch the leaves falling from the trees in the public gardens. [3] I first arrived in Paris in the summer, and I was surprised at how warm it is there in August. [4] When the air is fresh, flower buds appear, and branches are covered with new green leaves. [5] When autumn arrived, however, the climate became delightful. [6] The winter months were wet and cold. [7] But at least I could cool off by swimming in the Seine River.

7.3.2.1 Le recours à un élément non linguistique

Exemple :

A science such as chemistry grows and progresses by use of the ***scientific method****. This approach in its simplest form consists of several distinct operations :*

1. Making observations. *The observations may be* qualitative *(the sky is blue; mercury is a liquid at room temperature) or* quantitative *(the pressure of the gas is 1 atmosphere; the temperature of the water is 54°C). A quantitative observation is called a* ***measurement****. We will discuss measurements in more detail later.*

2. Looking for patterns in the observations. *This process often results in the formulation of a natural law. A* ***natural law*** *is a statement that expresses generally observed behavior.*

3. Formulating theories. *A* ***theory*** *(often called a* ***model****) consists of a set of assumptions put forth to explain the observed behavior of matter.*

4. Designing experiments to test the theories. *Ideally, science is self-correcting, continuously testing its models.*

Dans cet exemple, l'auteur a fait appel à divers éléments non linguistiques pour faciliter la compréhension. Il a utilisé différents types de caractères (le gras, l'italique et le romain), de même que la numérotation, pour faire ressortir les diverses étapes.

Ce procédé, très efficace, se rencontre surtout dans des ouvrages à visée pédagogique. C'est la raison pour laquelle, dans le paragraphe sur Darwin, l'auteur n'a eu recours qu'à des éléments linguistiques pour assurer la cohérence de son paragraphe.

7.3.2.2 Le recours à un élément linguistique

Pour orienter le lecteur, l'auteur peut recourir à des éléments linguistiques, c'est-à-dire à des mots. Il peut s'agir d'un **même** mot ou d'un **même** groupe de mots, ou encore d'un mot ou d'un groupe de mots **différents**.

Utilisation d'un même mot ou d'un même groupe de mots

Dans le texte sur Darwin, l'auteur a recours à ce procédé. Il reprend dans la phrase 4 le mot *event* qu'il a déjà utilisé dans la phrase 1.

> [1] *In the year 1859 a great* ***event*** *occurred in England that sent shock waves across the world.* [2] *It was not an outbreak of war—although men said it would destroy all that they most cherished.* [3] *It was not some great epidemic, or a terrible earthquake, or a violent revolution—although people discussed it as if it were all of these things.* [4] *The* ***event*** *was the publication of a book with an extremely long title:* The Origin of Species by Means of Natural Selection, or the Preservation of Favoured Races in the Struggle for Life.

Ce faisant, il aide le lecteur à bien suivre le développement de sa pensée. En effet, dans les phrases 2 et 3, l'auteur avait dit ce que cet *event* n'était pas. Comme il passait du négatif au positif, il a senti le besoin de rappeler de quoi il était question. S'il ne l'avait pas fait, il aurait peut-être rendu pénible la compréhension de son texte.

Utilisation d'un mot ou d'un groupe de mots différents

Il est possible d'aider le lecteur à suivre la logique d'un texte en recourant à un mot ou à un groupe de mots différents, qui peut être soit un mot **anaphorique** (voir la définition à la section 7.3.3), soit un **indicateur de rapport** (voir la section 7.3.4).

Voyons d'abord les mots **anaphoriques**. Remarquez la présence d'un *It* au début des phrases 2 et 3. Ces deux *It* ont pour antécédent le mot *event*, à la première phrase. *Event* est donc ce qu'il est convenu d'appeler le référent; les *It*, les mots anaphoriques.

> [1] *In the year 1859 a great* ***event*** *occurred in England that sent shock waves across the world.* [2] ***It*** *was not an outbreak of war—although men said it would destroy all that they most cherished.* [3] ***It*** *was not some great epidemic, or a terrible earthquake, or a violent revolution—although people discussed it as if it were all of these things.*

Le *that* de la première phrase est également un anaphorique, car il a, lui aussi, un antécédent : *event*. Nous reviendrons plus tard sur les différents anaphoriques (voir la section 7.3.3.2).

Voyons ensuite les **indicateurs de rapport**. Contentons-nous pour le moment de dire qu'une conjonction de subordination est un indicateur de rapport, car elle permet au lecteur d'établir un rapport entre les deux segments d'un énoncé : la proposition principale et la proposition subordonnée.

Si nous reprenons les trois mêmes phrases du texte sur Darwin, nous relevons aussi la présence de *although*, dans les phrases 2 et 3.

> [1] *In the year 1859 a great event occurred in England that sent shock waves across the world.* [2] *It was not an outbreak of war—****although*** *men said it would destroy all that they most cherished.* [3] *It was not some great epidemic, or a terrible earthquake, or a violent revolution—****although*** *people discussed it as if it were all of these things.*

Étant donné que *although* signifie « bien que », la proposition introduite par cette conjonction de subordination apporte une restriction à l'énoncé principal. En utilisant cette conjonction de subordination, l'auteur explicite – donc nous fait connaître – le **rapport** qu'entretiennent entre eux, dans sa pensée, ces deux segments d'énoncé. Il n'aurait pas pu exprimer ces mêmes idées en ne recourant qu'à des propositions indépendantes. *Although* est donc ici un indicateur de rapport.

7.3.3 Les mots anaphoriques

Nous avons vu que, dans un texte, la présence de mots anaphoriques aide le lecteur à bien suivre le déroulement de l'idée que l'auteur présente.

7.3.3.1 La définition de l'anaphore

Le procédé qui consiste à reprendre un segment de discours (antécédent) par un mot anaphorique s'appelle **anaphore**. « Tout terme qui se réfère à une réalité nommée précédemment dans le texte[6] » porte le nom d'**anaphorique**. Ce que remplace l'anaphorique est appelé **référent**. Ce dernier peut être un mot, un groupe de mots, une phrase, voire un paragraphe (voir la section 7.3.3.2).

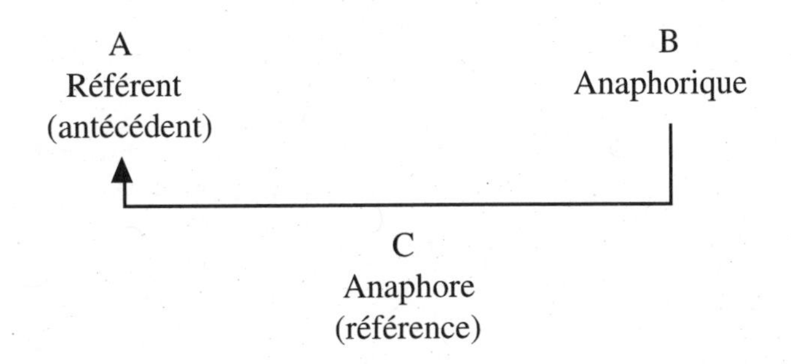

Figure 7.1 – L'anaphore

7.3.3.2 La nature des anaphoriques

Si l'on vous demandait quel genre de mot peut en remplacer un autre, il y a fort à parier que vous répondriez sans hésitation : les pronoms. Si l'on vous demandait d'en nommer d'autres, peut-être seriez-vous pris au dépourvu. Il est vrai que les pronoms, qu'ils soient personnels, démonstratifs ou possessifs, renvoient obligatoirement à ce qui a déjà été nommé, mais ce ne sont pas les seuls anaphoriques possibles.

6. R. GALISSON et D. COSTE, *Dictionnaire de didactique des langues*, Paris, Hachette, 1972.

TABLEAU : DIVERSITÉ DES ANAPHORIQUES

Ce qui est remplacé (référent)	Ce par quoi il est remplacé (anaphorique)	Exemples
NOM	• Pronom	
	– personnel	Jean et Pierre sont de bons amis. **Ils** jouent souvent ensemble.
	– démonstratif	Veux-tu un livre? Prends **celui-ci**.
	– possessif	Si tu veux goûter à mes gâteaux, je goûterai aux **tiens**.
	– relatif	Tu as beaucoup de disques **qui** ne sont plus sur le marché. **Lequel** apprécies-tu le plus?
	• Autre chose qu'un pronom	
	– adverbe de lieu	Tu arrives d'Europe. Faisait-il beau **là-bas**?
	– adverbe de temps	Ne travailles-tu pas le samedi? Oui, mais pas **demain**.
	– synonyme	« Viens avec moi », dit le père à sa cadette. « Non, répondit la **petite fille**, je reste avec grand-mère. »
	– générique	Le professeur invite Pierre, Jean et Paul à se joindre à l'équipe de football. Ces **étudiants** acceptent avec joie.
	– adjectif numéral	Pour le dessert, du gâteau ou de la crème glacée? Je prendrais bien des **deux**.
	• Segment sous-entendu	J'aime toutes les courses, mais le marathon reste la plus spectaculaire [**des courses**].
VERBE OU PROPOSITION	• Pronom	
	– personnel	Sais-tu si Pierre travaille demain? Je ne **le** sais pas.
	– démonstratif	Votre fils a réussi ses études. **Cela** ne m'étonne pas.

	• Autre chose qu'un pronom	Christian adore faire de la randonnée pédestre; c'est pour cette **raison** qu'il va dans les Laurentides régulièrement. Tu as coupé celui-ci en diagonale. Qu'est-ce que je fais avec celui-là? La **même chose**.
	• Segment sous-entendu	Tu aimes les kiwis. Moi aussi [**j'aime les kiwis**]. Tu devais t'y rendre? Oui, mais je n'ai pas pu [**m'y rendre**].
PHRASE OU PARAGRAPHE		Un paragraphe qui décrit l'évolution du syndicalisme au Québec peut fort bien être repris, au paragraphe suivant, par un anaphorique comme : « Cette évolution », « Ces transformations », etc.

7.3.3.3 Le rôle de ces connaissances dans la tâche du traducteur

Quand vous **lisez** un texte et que vous dites le comprendre, cela signifie non seulement que vous connaissez le sens de tous les mots utilisés (rappelez-vous l'exercice sur la tirade du nez), mais aussi que vous pouvez identifier les référents de tous les anaphoriques rencontrés dans ce texte. Sinon, le sens vous échappera (voir la section 7.4).

Quand vous **rédigez** un texte, vous voulez que le message soit compris par tous les lecteurs. Cela signifie que vous devez utiliser les bons anaphoriques pour ne pas induire le lecteur en erreur.

Quand vous **traduisez** un texte, il vous faut non seulement trouver les bons référents – vous jouez le rôle de récepteur par rapport au texte de départ –, mais aussi savoir utiliser les bons anaphoriques – vous jouez le rôle d'émetteur par rapport au texte d'arrivée –, condition essentielle à la clarté du message.

L'exercice 22 vous permettra d'évaluer votre compétence à trouver les référents des différents anaphoriques. L'acquisition de cette compétence est essentielle, car ce n'est qu'à cette condition que vous parviendrez à comprendre parfaitement un texte.

EXERCICE 22

RECHERCHE DES RÉFÉRENTS

Directives : Soulignez les divers anaphoriques présents dans les extraits suivants et précisez leur nature. Ensuite, trouvez leur référent.

1. IS IT REALLY SO?

There are many examples of beliefs that are considered to be false because they do not fit our knowledge of nature and because there is no convincing evidence to support them.

In many parts of the world there are people who believe in spirits, witches, warlocks, fairies, elves, leprechauns, goblins, demons, jinns, sprites, pixies, and other supernatural beings. There is presently a revival of interest in the supernatural, especially in witches and warlocks, and in devils that can possess the human body. Cults of Satan exist, even among college students and graduates. For some individuals this is merely a put-on, but others are deadly serious about it.

2. WHAT IS THE BERMUDA TRIANGLE?

This is a question one hears more and more. It pops up on television specials, radio talk shows and in magazines, newspapers and books. In fact, today it seems to be surfacing everywhere.

What is it?

Simply put : the Bermuda Triangle is a mystery zone where thousands of men and hundreds of ships and planes have been disappearing for years without a trace and utterly without explanation.

No one can say for sure just where the catchy name came from, but it is believed to hark back to a newspaper report in the 1940's which described the flight pattern of a group of lost planes in that area as "triangular."

In any case, though the term "Bermuda Triangle" may be of fairly recent vintage, its mystery is not. It has been a zone of disaster that has plagued man since the earliest days of seafarin in the New World. Then, as now, lovely lime-toned waters lapped the shores of the Bermuda Islands, the southern coast of North America and on down to Cuba, Haiti, and Puerto Rico, all with seeming innocence, but...

Is there something unknown lurking in that region?

Centuries ago, man said that there was. Some of the New World's oldest navigational records refer to the islands of Bermuda as the "Isles of the Devils."

3. THE EARTH'S DRIFTING CONTINENTS...

Anyone who looks carefully at a globe will notice that the shapes of the continents seem to fit together. Geologists now believe that this is because today's continents all originated from one large land mass, called Pangaea, which has broken up and drifted apart during the last two hundred million years. The location of the continents during this process of separation is illustrated in the inset circles below. The continents, composed of the lighter materials, are visualized as independent plates which are in a constant state of motion as they drift over heavier plastic materials in the earth's mantle. The mechanism of the drift of continents results from the temperature gradient of the earth's interior (cooler near the surface and hotter at depth). Such a gradient within the mantle causes convection currents. This movement of materials allows temperatures near the earth's surface to rise in areas of tension (rift zones) so that crustal basalt may begin to melt. At the front of the moving plates materials are dragged downward into the mantle, where because of increasing temperatures, melting may also occur. Such areas form trench zones which are associated with volcanic action and mountain-building processes. The centre of the rift zone A (drawing upper left) allows molten basalt to well up from the earth's interior. The ancient continent (B) which rested above the rift is pulled apart by the motion of plates and the two halves (B^1, B^2) eventually drift over the surface of the globe. Slowly, as the continents drifted apart, the basalt extruded by the rift created a new ocean floor, leaving the rift itself (A) in the middle of the new sea.

4. A MESSAGE TO MOTHERS FROM DR. MUROOKA

Over the years, I have been privileged to deliver hundreds of babies. Most of "My Mothers" have considered childbirth a happy occasion. Some, for personal reasons, have not felt so. But for every mother, whether or not the child is a first born, it is a period of great mental stress. Stress is always apparent in any new momentous experience in our lives regardless of the happiness or sadness of the event itself. It has always been distressful to me, personally, to see that so many new mothers, when they visit my office for after-care, have become nervous and strained and confess to me their inability to cope with their newborns. The most common complaint centers on their infants' crying. Since crying is the newborn's only means of communication, it is important to listen closely to what your infant is trying to say. If you understand your baby's language, it will relieve your feeling of helplessness which is a major obstacle to the relaxation necessary for your health.

7.3.4 Les indicateurs de rapport

Nous venons de voir qu'un anaphorique bien utilisé permet au lecteur de suivre sans difficulté le cheminement de la pensée de l'auteur. Ce n'est toutefois pas le seul moyen linguistique dont dispose l'auteur pour assurer la cohérence de son texte. Il pourra aussi recourir à des indicateurs de rapport.

7.3.4.1 La définition de l'indicateur de rapport

Par indicateur de rapport, nous entendons tout mot ou groupe de mots qu'utilise un auteur pour indiquer au lecteur la direction qu'il veut donner à son idée – d'où le nom d'indicateur de rapport. Ce mot ou groupe de mots est parfois appelé indicateur de relation, mot-charnière, mot-outil, connecteur ou articulateur, selon les auteurs.

7.3.4.2 La place des indicateurs de rapport

Où devraient se trouver les indicateurs dans un texte? Pour bien comprendre un texte, le lecteur, que vous devrez être en tant que traducteur, doit pouvoir établir entre chaque énoncé un certain rapport logique, celui-là même que l'auteur avait à l'esprit en écrivant son texte. Les énoncés peuvent faire partie d'une phrase – qui comprendra alors plusieurs propositions – , ou encore d'un paragraphe – qui comprendra alors plusieurs phrases. C'est donc dire qu'il y a, pour le lecteur, un rapport à établir soit entre deux propositions, dans une même phrase (rapport intraphrastique), soit entre deux phrases dans un même paragraphe (rapport interphrastique).

Rapport intraphrastique

Dans une même phrase, les énoncés peuvent être reliés par coordination[7] ou par subordination[8].

Exemples :

Pierre aime jouer au golf et faire des randonnées pédestres.
Pierre aime jouer au golf dès que le beau temps arrive.

Dans le premier exemple, la conjonction « et » coordonne l'énoncé des deux activités que Pierre aime faire. L'une n'est pas plus importante que l'autre. Elles sont sur un pied d'égalité. Dans le second exemple, la conjonction « dès que » apporte une précision quant au temps propice à la pratique du golf.

Rapport interphrastique

Entre deux phrases, les énoncés peuvent être reliés par coordination ou par recours à des groupes de mots ayant valeur d'indicateur de rapport.

Exemples :

Pierre aime bien jouer au golf. C'est **toutefois** le tennis qui est son sport de prédilection.
Pierre adore jouer au golf. **Comme je vous l'ai dit**, il pratique ce sport presque à longueur d'année, au Québec, l'été, et en Floride, l'hiver.

Dans le premier exemple, la conjonction de coordination « toutefois » apporte une restriction à l'énoncé précédent. Dans le second, la proposition « comme je vous l'ai dit » indique au lecteur que cette information a été donnée précédemment; elle lui permet donc de se reporter à un énoncé antérieur.

7. « Coordonner, au sens grammatical du mot, c'est ordonner, disposer les éléments de phrase selon certains rapports. Dans le procès de la pensée normale, il est rare que les idées ou, en général, les faits de conscience, ne soient pas unis entre eux par quelques rapports; et il y a de grandes chances pour que toutes celles d'entre les propositions qui ne sont pas à l'égard de telle ou telle autre dans un rapport de subordination, en offrent un, plus ou moins étroit, plus ou moins apparent, de coordination. » (G. LE BIDOIS et R. LE BIDOIS, *Syntaxe du français moderne*, Paris, Éditions A. et J. Picard, 1971, n° 1113.)

8. « Il arrive à chaque instant que l'esprit pense les idées qu'il a à exprimer, comme des concepts qui ne sont pas pour lui, si l'on peut dire, sur un pied d'égalité ou d'autonomie absolue, mais dans une sorte de dépendance et même de hiérarchie, telle ou telle lui apparaissant principale et dominante, et telle autre plus ou moins accessoire ou secondaire, en tout cas soumise à la précédente, et dominée par elle. » (G. LE BIDOIS et R. LE BIDOIS, *Syntaxe du français moderne*, Paris, Éditions A. et J. Picard, 1971, n° 1115.)

7.3.4.3 La présence, obligatoire ou non, d'un indicateur

Il est évident que le lecteur doit, s'il veut comprendre le texte qu'il lit, pouvoir établir un rapport entre les divers énoncés. La question qui se pose alors est de savoir si ce rapport doit nécessairement être explicité.

Absence d'un indicateur (rapport implicite)

Pour que le lecteur comprenne le rapport entre deux énoncés (deux propositions ou deux phrases), la présence d'un indicateur n'est pas essentielle. Il est possible par des moyens stylistiques de communiquer cette relation de façon implicite.

Exemple :

J'ai été malade cette nuit. J'ai trop fêté hier.

On dit, dans un tel cas, qu'il y a juxtaposition, c'est-à-dire succession de un ou de plusieurs énoncés (faits, idées, etc.), sans liaison apparente. Dans l'exemple cité, le lecteur comprend facilement qu'il y a une relation de cause à effet malgré l'absence d'un indicateur de rapport à valeur causale, du genre : puisque, parce que, étant donné que, vu que, car, etc.).

Exemple :

Pierre est très bon jardinier : il ne cesse de se documenter sur le sujet.

Ici, c'est la ponctuation qui sert à exprimer le rapport entre les deux énoncés. Le deux-points annonce une explication. Le lecteur comprend que, si Pierre est si bon jardinier, c'est **parce qu**'il ne cesse de lire sur le sujet.

Présence d'un indicateur (rapport explicite)

Il est impossible à un auteur de toujours sous-entendre les rapports. Dans un paragraphe de plusieurs lignes, il lui faut recourir à des indicateurs dont la nature est variée.

Exemple :

Je me permets **encore une fois** de faire appel à votre expérience. **Comme** je travaille de plus en plus dans le domaine technique, je voudrais m'abonner à au moins une revue spécialisée. Un ami ingénieur m'en a suggéré une, **mais** j'aimerais savoir ce que vous vous me suggéreriez.

Le groupe « encore une fois » indique au lecteur que l'auteur connaît bien le destinataire de la lettre et a déjà fait appel à lui. La conjonction « comme » précise un rapport causal entre les deux autres propositions; la conjonction « mais », dans la dernière phrase, apporte une restriction à l'énoncé qui précède.

7.3.4.4 La nature des indicateurs de rapport

Pour exprimer un rapport, le rédacteur – ou le traducteur – recourt à des mots ou à des groupes de mots de diverses natures. Ce faisant, il facilite la lecture de son texte en guidant le lecteur. Les mots ou groupes de mots généralement utilisés à cette fin sont :

- des conjonctions de coordination : et, ou, ni, mais, etc.;
- des locutions conjonctives de coordination : ainsi que, de même que, etc.;
- des conjonctions de subordination : quand, puisque, etc.;
- des locutions conjonctives de subordination : dès que, après que, etc.;
- des adverbes : puis, bref, etc.;
- des locutions adverbiales : en effet, d'abord, etc.;
- des propositions ou autres groupes de mots ayant la valeur d'un indicateur : comme nous venons de le dire, depuis quelques années, etc.

7.3.4.5 La nature des rapports exprimés

Il est donc important, pour le rédacteur comme pour le traducteur, de connaître les moyens dont dispose la langue pour exprimer les rapports entre deux énoncés. Mais quels sont donc les divers rapports qui peuvent exister entre deux énoncés? En voici une liste, sans doute incomplète :

Addition
Alternative
But (finalité, objectif)
Causalité
Comparaison
Concession
Conclusion
Condition (hypothèse)
Conséquence
Exemple
Explication
Introduction
Liaison
Opposition
Preuve
Rappel
Restriction
Résumé
Supposition
Temps
Terminaison
Transition

Un même rapport peut être exprimé par divers indicateurs

Par exemple, une **explication** sera annoncée par :

- une locution conjonctive (« Cette solution doit être instillée, **c'est-à-dire** ajoutée goutte à goutte »; « Il faut faire comme d'habitude, **à savoir** faire photocopier le document et l'envoyer immédiatement par courrier »);
- une locution adverbiale (« Claudette est toute radieuse. **En effet**, elle a appris hier… »);
- une conjonction (« Cet abonnement coûte 63 euros, **soit** environ 100 $ CA »).

Un même indicateur pourra exprimer différents rapports

Prenons, par exemple, l'indicateur « comme ». Il sert :

- à annoncer une comparaison (« Il écrit **comme** il parle »);
- à fournir une explication (« **Comme** elle arrive demain, il faut préparer la chambre »);
- à indiquer la simultanéité (« Nous sommes arrivés **comme** il partait »).

7.3.4.6 Les avantages de ces connaissances pour le traducteur

Comme le français est une langue articulée, l'emploi d'un indicateur exige du lecteur et du rédacteur, donc du traducteur, qu'il connaisse le sens véhiculé par ce genre de mot, autrement dit qu'il puisse préciser le rapport que chaque indicateur exprime en contexte.

Si le lecteur est incapable de préciser le sens d'un indicateur, comment pourra-t-il véritablement comprendre le texte qu'il lit? Si le rédacteur en est incapable, de deux choses l'une : ou bien il n'utilise aucun indicateur et se prive d'un outil qui lui permettrait de mieux exprimer sa pensée; ou bien, comble de malheur! il utilise des indicateurs sans même savoir que son dire ne correspond pas à son vouloir-dire. Je vous laisse deviner la qualité de la traduction produite.

Vous, en tant que futur traducteur, devez connaître les relations que permettent d'exprimer les différents indicateurs et devez pouvoir les utiliser de façon adéquate (voir les exercices 23 et 24).

EXERCICE 23

UTILISATION PERTINENTE DE CERTAINS INDICATEURS

Directives : Voici quelques indicateurs et les rapports qu'ils expriment. Votre tâche consiste à montrer que vous pouvez les utiliser correctement, avec leurs différents sens. Rédigez des phrases complexes dans lesquelles vous emploierez les divers indicateurs.

RAPPORTS EXPRIMÉS PAR DES INDICATEURS

	ADDITION	CAUSE	COMPARAISON	CONCLUSION	CONSÉQUENCE	EXEMPLE (PREUVE)	HYPOTHÈSE	INTRODUCTION	OBJECTIF	OPPOSITION	RAPPEL	RESTRICTION	RÉSUMÉ	TEMPS
AFIN DE (QUE)									•					
AINSI			•	•		•								
ALORS QUE										•				•[1]
AU CONTRAIRE										•				
AU LIEU DE										•				
AU SURPLUS	•													
AUPARAVANT														•
AUSSI					•									
BREF													•	
CAR		•												
CEPENDANT										•		•		
D'ABORD								•						•
DANS LE BUT DE									•					
DE PLUS	•													
DONC				•	•									
EN DÉFINITIVE				•										
EN DERNIER LIEU	•			•										
EN OUTRE	•													
ENSUITE	•													•
NÉANMOINS												•		
PARCE QUE		•												
POURTANT										•				
PUIS	•													•
QUOIQUE										•				
SI							•							
TANDIS QUE										•				•
TOUTEFOIS												•		
VOIRE	•													
VU QUE		•												

1. Rapport vieilli. Voir *Le Petit Robert*.

EXERCICE 24

RAPPORTS EXPRIMÉS PAR CERTAINS INDICATEURS

Directives : Précisez le ou les rapports exprimés par chacun des indicateurs suivants. (Ces indicateurs font partie de la liste non exhaustive que vous trouverez à l'annexe 9.)

	ADDITION	CAUSE	COMPARAISON	CONCLUSION	CONSÉQUENCE	EXEMPLE (PREUVE)	HYPOTHÈSE	INTRODUCTION	OBJECTIF	OPPOSITION	RAPPEL	RESTRICTION	RÉSUMÉ	TEMPS	
À CETTE FIN															
À L'OPPOSÉ															
À SAVOIR															
AFIN DE (QUE)															
AU FUR ET À MESURE															
AU PRÉALABLE															
BIEN QUE															
CONSÉQUEMMENT															
D'UNE MANIÈRE GÉNÉRALE															
DANS CES CONDITIONS															
DE CRAINTE QUE															
DE TOUTE MANIÈRE															
DÈS QUE															
DORÉNAVANT															
ÉGALEMENT															
EN CE QUI CONCERNE															
EN DÉFINITIVE															
EN FAIT															
EN PREMIER LIEU															
EN RÉSUMÉ															
EN UN MOT															
ENCORE QUE															
ENTRE AUTRES															
HORMIS															
LORSQUE															
MÊME SI															
PAR AILLEURS															
PARTANT															
POURVU QUE															
SELON QUE															
SINON															

Ces exigences valent aussi bien pour le français que pour l'anglais[9]. En effet, l'anglais possède, lui aussi, toute une série d'indicateurs de rapport (voir l'exercice 25) dont il vous faut connaître le sens pour pouvoir traduire correctement. Malheureusement, le traducteur qui connaît un tant soit peu l'anglais ne juge pas toujours utile de consulter son dictionnaire pour connaître les divers sens qu'un indicateur peut avoir. Qui irait chercher le sens que peuvent avoir des mots aussi banals, du moins en apparence, que *now* ou *and*.

EXERCICE 25

RAPPORTS EXPRIMÉS PAR CERTAINS INDICATEURS ANGLAIS

Directives : Précisez le ou les rapports qu'expriment les indicateurs suivants. Il vous faut cette connaissance pour comprendre un texte.

About
Accordingly
Admittedly
Although
As
As though
Because
Beyond
But
Consequently
Finally
For
From
Hence
However
If
In contrast
In order to
Inasmuch as
Indeed
Likewise
Moreover
Nevertheless
Now
Of course
On
Since
Then
Therefore
Thus
Unless
When
Whereas
Whereby
While
Yet

9. J.A.-H. BOURGET, *The / Le Ligakon, The Linguistic Building Blocks / Les charnières de liaison du discours*, Montréal, Guérin, 1995.

Examinons le cas de *now*. Personne ne se questionne sur le sens de cet adverbe. Tous pensent que *now* se traduit par « maintenant ». Si tel était le cas, comment alors expliquer les occurrences suivantes?

> *In the summer of 1945, Truman knew that the United States* ***now*** *possessed a new weapon of incredible destructive power, the atomic bomb.*
>
> *Every time people reach a certain status in life they seem to take pride in the fact that they* ***now*** *have a secretary.*

Dans le premier exemple, l'adverbe *now* modifie un verbe au passé; dans le deuxième, il modifie un verbe à valeur de futur! Comment concilier ces utilisations avec le supposé sens de « maintenant »? La réponse se trouve dans le dictionnaire *Merriam-Webster*, à l'entrée *now*.

Nous examinerons plus en détail le cas de la conjonction *and* à la section 7.6.2.2.

7.3.4.7 L'articulation selon le type de paragraphe

Assurer au paragraphe sa cohérence, c'est, nous l'avons suffisamment répété, présenter les différentes phrases dans un ordre logique. Si, par exemple, le paragraphe décrit une suite d'événements, il faut que ces événements soient présentés dans un ordre chronologique. Ce dernier s'exprime par l'emploi d'une certaine catégorie d'indicateurs. Pour vous en convaincre, relisez l'exemple 3 de l'exercice 21. L'auteur y décrit une façon de faire; il recourt à un certain groupe d'indicateurs (*first, second, third, fourth, fifth*, etc.) qui marquent la chronologie[10], qui traduisent une séquence d'événements. Dans un paragraphe où l'auteur présenterait une argumentation, les indicateurs seraient nécessairement différents et feraient partie de la catégorie des articulateurs logiques comme *thus, therefore, even if, hence, consequently*, etc.

L'auteur d'un texte utilisera les indicateurs qui correspondent à son vouloir-dire. Et ce qu'il veut dire détermine le type de paragraphe qu'il écrit. Les types sont variés, comme l'indique l'encadré suivant.

---

10. Il ne faudrait pas penser que les indicateurs sont les seuls éléments linguistiques qui permettent au lecteur d'identifier le type de paragraphe. Voir la section 7.5.

Types de paragraphes[11]

A. Présentation chronologique de divers événements

B. Localisation dans l'espace

C. Présentation d'idées ou de faits basée sur :

1. des exemples
2. des ressemblances ou des différences
3. une relation de cause à effet
4. une définition, une énumération des divers éléments
5. une classification, une division logique

Voici les trois premiers paragraphes du premier chapitre d'un livre traitant de l'art japonais[12]. Examinons-les attentivement et essayons de dire à quel type chacun appartient.

The Pre-Buddhist Period (to the 6th Century A.D.)

Geography, climate and geology are powerful factors in moulding the character, and hence the art, of a people. The string of islands, large and small, which forms the Japanese archipelago, stretches in a long broken arc from a point near the coast of Siberia in the north to Taiwan in the south. Other smaller chains of islands link Japan with Korea and the mainland further north. These routes from north to south and from east to west have never afforded easy means of communication but they have always been accessible to the determined traveller or the desperate immigrant.

The isolation of Japan, like that of Great Britain, has played a large part in shaping her people's outlook over the centuries. Insular to a degree, the Japanese—unlike the British —were not basically explorers of the high seas. The urge to colonize came late in their history.

The four main Japanese islands are Hokkaido (The North Sea district), Honshu (The Main Island), Shikoku (The Four Provinces) and Kyushu (The Nine Provinces). Altogether there are no less than five hundred important islands; as a result the country has a relatively long coastline (extending over 17,000 miles) and the sea is never far

11. Chacun de ces types de paragraphes fait appel à un ensemble particulier d'indicateurs.
12. P.C. SWANN, *The Art of Japan, from the Jomon to the Tokugawa Period*, Baden-Baden, Holle Verlag, 1966.

away. Sea and shore have always played a major part in Japanese life and art. In places, especially on the east coast, the landscape is of unsurpassed beauty. The heart of this romantic coast is the Inland Sea, whose calm waters are studded with a myriad green islands of all shapes and sizes.

À la lecture de ce court extrait, vous aurez remarqué que les trois paragraphes sont de types différents. Dans le premier paragraphe, l'auteur situe dans l'espace les îles qui forment le Japon; dans le deuxième, il fait une comparaison; et, dans le troisième, il énumère les différentes composantes du Japon. Cette variation dans le type de paragraphe se traduit évidemment par une variation dans les indicateurs ou autres mots révélateurs de ce type que l'auteur a utilisés.

À l'exercice 26, vous devrez, à la simple lecture des extraits, dire à quel type appartient chacun d'eux. Cet exercice devrait vous sensibiliser à cet aspect de l'écriture.

EXERCICE 26

TYPES DE PARAGRAPHES

Directives : Lisez attentivement chacun des paragraphes suivants. Dites à quel type il appartient et pourquoi.

1. A concerto grosso is one of the most popular instrumental forms of the Baroque period. In it a small group of instrumental soloists (the concertino) competes with and alternates with a larger group (the ripieno). Originating around 1700 in the writings of Corelli and Vivaldi, the concerto grosso had three to five movements. The first movement usually started with a slow, dignified opening like that of a French overture. This was followed by a muscular allegro in ritornello form in which the soloists alternated or joined with the large group. The other movements included an arialike adagio, several dances, and a closing allegro written in fugue or ritornello form.
2. A concerto is an ample work for a soloist and orchestra, in which the orchestra serves not in a subordinate capacity—as accompaniment—but is pitted against the soloist on equal terms. The word is derived from the Latin *concertare*, "to fight side by side, to compete as brothers-in-arms." The word "symphony," on the other hand, derives from the Greek *syn*, together, and *phone*, sound. In other words, the symphony represents a blending of colors into one body of sound, while in the concerto two dissimilar bodies of sound are pitted against one another in friendly rivalry.

3. A mountain range runs from northwest to southeast, containing the highest peaks on the island. These include Monte Cinto (8891 feet), Monte Rotondo (8612 feet) and Monte d'Oro (7552 feet). Several high spurs stand out from this central chain and stretch toward the southwest, where they go down to the sea in great rocky promontories. In the northeast, another chain extends southward, and then, from the middle course of the Tavignano, turns toward the north.

4. Most of us have visited an old friend or a grandmother in a retirement home. Such visits are always disturbing. Grandma complains that her neighbour disturbs her sleep with loud snoring, that she hates the bread pudding she is given frequently. The help moves her slippers every day from where she puts them, and they steal the small change she leaves on her dresser. Finally, when you present her with a tin of her favorite cookies, she reprimands you for having forgotten that she cannot pry the lid off with her arthritic fingers. You are devastated.

5. The atmosphere, like window glass, is transparent to visible light, but does not allow all of the infrared radiation to pass through. Molecules in the atmosphere, principally H_2O and CO_2, strongly absorb infrared radiation and radiate it back toward the earth. A net amount of thermal energy is thus retained by the earth's atmosphere. This causes the earth to be much warmer than it would be without its atmosphere. In a way the atmosphere acts like the glass of a greenhouse, which is transparent to visible light but absorbs infrared radiation, thus raising the temperature inside the building. This greenhouse effect is seen even more spectacularly on Venus, where the dense atmosphere is mainly responsible for the high surface temperature on that planet.

6. The conductor has a difficult job—in fact, many jobs all rolled into one. He must study and memorize thousands of measures of music so that he can be free to turn from his score to look at his orchestra or chorus. (Someone has said that a conductor must have "the score in his head not his head in the score.") He must drill his performers in rehearsal so that all the sounds become perfectly balanced. He must also be on the lookout for new works that he thinks his audience should hear. The orchestral conductor may be able to play only one instrument, but he is expected to know something about every instrument, so that he can make helpful suggestions to his players. A conductor must also be in good physical condition, like a well-trained athlete, because for several hours he will be moving about vigorously. He holds the baton at the height of his shoulder so that each member of the orchestra can see him. The reader can get an idea of how this feels by waving a pencil held at shoulder height and seeing how long it takes for his arm to get tired.

7. There are three generally accepted definitions of an herb. Botanically, herbs are non-woody annual, biennial, and perennial plants that die back each year after blossoming. Another definition describes them as any of the herbaceous plants valued for their flavor, fragrance, or medicinal properties. The third is actually not a definition but a distinction between the culinary herbs and spices.

8. To make a small omelet you need three eggs, a slice of cheese, salt, pepper, butter, milk, a frying pan, a bowl, and a spatula. Begin by breaking the eggs into a bowl, adding small amounts of salt, pepper, and milk. Then heat the frying pan over a medium fire, melting a small amount of butter in it. When the butter in the frying pan is melted, pour in the egg batter. After the eggs are partially cooked, place a slice of cheese on them and fold one half of the omelet over the other half. Remove from the frying pan and serve.

7.4 La recherche de la cohérence (en lecture, en rédaction)

Nous avons vu au début de ce chapitre qu'un paragraphe doit être cohérent et que les principaux moyens d'assurer la cohérence sont soit de nature non linguistique, soit de nature linguistique et que, dans cette dernière catégorie, on situe les anaphoriques et les indicateurs de rapport.

La cohérence, vous devez la déceler quand vous lisez un texte (en lecture). La cohérence, vous devez l'assurer quand vous rédigez un texte (en rédaction). Or, comme vous serez traducteur, vous aurez à jouer à la fois le rôle de récepteur (lecteur) et le rôle d'émetteur (rédacteur).

Vu que la cohérence est assurée, entre autres, par l'utilisation d'anaphoriques et d'indicateurs de rapport, vous analyserez votre texte en prêtant une attention toute particulière à ces mots.

Voici un texte auquel vous voudrez sans aucun doute apporter des modifications, car, à la limite, on pourrait presque dire qu'il n'est pas français, mais simplement formé de mots français.

Texte initial

Pierre et Lise vont au zoo

Pierre et Lise sont allés au zoo. Pierre et Lise se sont rendus au zoo à pied. Pierre et Lise se sont assis. Pierre et Lise ont mangé du maïs soufflé au zoo. Pierre et Lise ont bu un coca-cola. Pierre est allé voir les singes. Pierre est allé voir les lions. Lise est allée voir les oiseaux. Lise est allée voir les poissons. Pierre et Lise ont eu beaucoup de plaisir au zoo. Pierre et Lise ont décidé d'amener au zoo leurs amis. [84 mots]

Ce déluge de mots identiques a de quoi distraire tout lecteur, même bien intentionné. Si l'on vous demande de retoucher le texte, il est certain que vous remplacerez les éléments répétés (Pierre, Lise, zoo) par les pronoms correspondants. Vous simplifierez ainsi le texte par l'emploi d'anaphoriques. Mais l'emploi d'anaphoriques ne doit pas, à son tour, confondre le lecteur; il doit être pertinent (voir la section 7.6.1 sur les dangers dans l'emploi des anaphoriques).

Le même texte après introduction d'anaphoriques

> **Pierre et Lise vont au zoo**
>
> Pierre et Lise sont allés au zoo. **Ils** s'**y** sont rendus à pied. **Ils** se sont assis. **Ils y** ont mangé du maïs soufflé. **Ils y** ont bu un coca-cola. Pierre est allé voir les singes. **Il** est allé voir les lions. Lise est allée voir les oiseaux. **Elle** est allée voir les poissons. Pierre et Lise **y** ont eu beaucoup de plaisir. **Ils** ont décidé d'**y** amener leurs amis. [70 mots]

Remarquez que le correcteur a conservé, à quelques endroits, les noms propres « Pierre » et « Lise ». C'est un procédé qui fait partie des moyens d'assurer la cohérence du paragraphe (voir le tableau à la section 7.3.3.2). Le nouveau texte est moins lourd, moins difficile à suivre. Cependant, même s'il est plus concis, il demeure encore indigeste. Pourquoi? Parce que les rapports entre les divers segments ne sont pas explicités. Voyons donc ce que deviendrait le texte si le correcteur y ajoutait des indicateurs.

Le même texte après introduction d'anaphoriques et d'indicateurs de rapport

> **Pierre et Lise vont au zoo**
>
> Pierre et Lise sont allés au zoo. Ils s'y sont rendus à pied. **Une fois arrivés**, ils se sont **d'abord** assis **pour** y manger du maïs soufflé et boire un coca-cola. **Ensuite** Pierre est allé voir les singes et les lions **pendant que** Lise allait voir les oiseaux puis les poissons. **Comme** ils y ont tous deux eu beaucoup de plaisir, ils ont décidé d'y amener bientôt leurs amis. [69 mots]

Vous remarquerez que, dans la version finale, le contenu factuel est resté le même. Mais quel changement! Vous remarquerez aussi que l'introduction d'indicateurs de rapport n'a pas allongé indûment le texte : le nombre de mots est resté le même!

Certaines traductions ont ce défaut de n'avoir de français que les mots utilisés. C'est que le traducteur s'est contenté de faire des phrases détachées et non des phrases bien intégrées, dans un paragraphe « coulant ». C'est inévitablement ce que vous produiriez si vous traduisiez

séparément les phrases d'un paragraphe construit sur le modèle de « Pierre et Lise vont au zoo », après recours aux anaphoriques (voir le paragraphe 7 de l'exercice 28).

Quand vous aurez un texte anglais à traduire, il vous faudra non seulement bien comprendre la séquence des phrases, mais également bien articuler en français les idées ou les faits exprimés. Autrement dit, il vous faudra assurer la cohérence de votre traduction.

L'exercice 27 vous permettra de vous exercer à cerner la cohérence d'un paragraphe. C'est une compétence que l'apprenti traducteur doit acquérir.

EXERCICE 27

RECHERCHE DE LA COHÉRENCE DU PARAGRAPHE

Directives : Maintenant que vous en connaissez suffisamment sur les moyens d'assurer la cohérence d'un paragraphe, restituez aux paragraphes suivants leur cohérence en plaçant dans un ordre logique les phrases qui les composent. Justifiez vos réponses. Les réponses se trouvent à l'annexe 10.

A.

1. There are several plants, however—such as some of the roses—which are included in herb listings even though their fruit (rose hips) is used.
2. Spices usually are considered to be derived from the roots, bark, fruit, or berries of perennial plants such as cinnamon, ginger, nutmeg, and pepper; herbs are the leaves only of low growing shrubs and herbaceous plants such as basil, rosemary, and thyme.
3. In cooking, a distinction is made between spices and herbs.

B.

1. Similar schools in Orange, California, and Berlin, Michigan, may soon follow suit.
2. Paradise, California, may be a paradise for conservative Christians who want their children's science education to include an account of the origin of life based on the book of Genesis.
3. At a new charter school (a locally managed school with relaxed curricular requirements) a sympathetic board of directors has announced that it plans to let the creationist parents have their way.

C.

1. Their salivant safari takes the reader from the Pyrenees to the Alps, from the sands of St. Malo to the beaches of Nice, with hardly a dull *plat* en route.
2. The English-born, Americanized cuisinière has won international fame with her writing and her La Varenne cooking school in Paris.

3. For intelligence, authority and charm, few cookbooks can match Anne Willan's *French Regional Cooking* (Morrow; $29.95).
4. With four colleagues the author travelled more than 6,000 miles and spent a year choosing and testing the 400 recipes in the book.

D.

1. The work is changed slightly by the person in charge, who takes the credit.
2. Many times, when a secretary makes creative contributions she is not given her due.
3. Often a secretary feels she has to think twice before stepping in and correcting the grammar, even when she knows her "superior" can't frame a good sentence.
4. Most secretaries live in an area between being too assertive and being too passive.

E.

1. He is sure that providence and nature mean him to be happy and he regards any interference with the attainment of happiness as a violation of natural law.
2. What is achieved by the cigarette, the vacation in Florida, the electric mixer, the new car, is happiness.
3. The Declaration of Independence included the pursuit of happiness as a natural right, and the American is obsessed with this pursuit.
4. Advertisements proclaim this more blatantly in America than elsewhere.

F.

1. Each married couple generally has its own bedroom and sometimes another room for its own children, but there is a common kitchen in which food is prepared for the whole household.
2. Though the size of such families varies considerably, the modern trend everywhere is for smaller households.
3. The life of the family goes on mainly in one or two large rooms; privacy in the Western sense is minimal.
4. But even now there are households in which four generations are to be found living under one roof, and the family group may number into the hundreds.

G.

1. The man shakes hands with him, and the father gives him a sip of his pastis.
2. By seven o'clock most of the men have gone home.
3. But the child is greeted so cordially that he often forgets the purpose of his errand.
4. Then the *cafetier* mixes a drink of grenadine or mint syrup and soda water and gives it to the child who remains the center of attention until he says, "Thank you, *Monsieur*."
5. If one lingers, his wife sends a child to tell him that supper is ready.

H.

1. It seemed like an extraordinary place to come for such an item, but he explained that there were too few lemons in the winter, so that they were saved for the tourists and the foreigners and could only be obtained, if you were lucky, at an Intourist hotel.
2. He had come to the hotel to buy a lemon.
3. My son was enjoying himself, pouncing on the stacks of bananas—obtainable in Russia—regarding with some suspicion the papayas and chikus which he had not remembered from his last stay in India.
4. It was reminded of the evening when we had run into an official of the Ministry of Culture in the lobby of the Metropole, our hotel in Moscow.
5. He prodded a pile of tiny, sharp Indian limes to see if they would collapse, an action for which he would have been severely reprimanded in Russia.

I.

1. And today men are being hurled into space to explore far realms beyond the atmosphere of our planet.
2. But not all the paths to glory are so dramatic.
3. Men have exercised their courage and resourcefulness to win enduring fame in many different ways.
4. Others have followed lonely trails and crossed unknown waters to discover new lands.
5. Some have led armies to victory in mighty clashes involving thousands of soldiers.

J.

1. The cannon sounded again and again, and the crowd cheered with wilder excitement than before.
2. Sailors shouted from the yardarms, and on the warships naval bands began to play.
3. Then the silence in the harbor came to a sudden end.
4. The stirring sound of military music filled the harbor.
5. The air was filled with the hissing of steam whistles and the wailing of sirens.

K.

1. One of the quickest ways to gain weight is to substitute simple carbohydrates for fats.
2. Digestible fats, on the other hand, are metabolized very slowly and create more of a feeling of fullness, thus reducing one's tendency to overeat.
3. Excess levels of them in the bloodstream are converted to triglycerides, those fats that accumulate in unsightly places.
4. Sugars enter the bloodstream very soon after eating.
5. The whole idea of fat eaten equals fat gained is misleading.

7.5 L'organisation interne du paragraphe

Pour conclure l'étude du paragraphe, nous allons examiner la cohérence sous un angle différent. Nous allons voir comment se fait l'enchaînement des éléments d'un paragraphe bien structuré. Nous verrons d'abord comment se développe l'idée du paragraphe, d'une phrase à une autre (type d'enchaînement interphrastique), puis comment se déroule l'idée dans tout le paragraphe (schéma de déroulement; fil conducteur).

Nous avons vu le rôle essentiel que jouent les mots anaphoriques et les indicateurs de rapport dans la cohérence du paragraphe. Mais, il ne faudra pas en conclure que toutes les phrases d'un paragraphe doivent contenir des anaphoriques ou être articulées. Elles pourront être juxtaposées sans pour autant créer de l'ambiguïté.

7.5.1 Les types d'enchaînement interphrastique

À partir de ce que nous savons déjà sur la cohérence, nous pouvons facilement énumérer les divers types d'enchaînement de l'idée dans un paragraphe :

- l'enchaînement par juxtaposition (absence formelle de connexion);
- l'enchaînement par rappel (présence d'anaphoriques);
- l'enchaînement par articulation (présence d'indicateurs de rapport).

Il ne faut pas s'imaginer qu'un paragraphe ne doit faire appel qu'à un seul type d'enchaînement. Bien au contraire. Même si les formes pures existent, le plus souvent les auteurs recourent à l'enchaînement mixte pour exprimer leurs idées dans un paragraphe. Examinons chacun des types d'enchaînement.

7.5.1.1 L'enchaînement par juxtaposition

Dans l'enchaînement par juxtaposition, il n'y a pas de lien formel entre les différentes phrases.Voici trois exemples de courts paragraphes où la juxtaposition règne en maître :

> Garderies à cinq dollars, commissions scolaires linguistiques, maternelles à temps plein… Contre vents et marées, Pauline Marois brasse la barque scolaire. Une réforme qui grince, mais qui avance.
>
> Depuis la mort de Claude Érignac, il administre l'île de Beauté d'une main ferme. Les nationalistes et la classe politique protestent. Les résultats sont pourtant là.

> Des professeurs d'université se contentaient du salaire minimum. Des étudiants au doctorat allaient travailler en usine à la demande du « parti ». La Chine de Mao? Non, le Québec des années 70!

La juxtaposition des divers énoncés de chaque paragraphe ne rend pas nécessairement le texte incompréhensible. Le texte a du sens malgré l'absence de lien. La démonstration est facile à faire. Prenons le dernier exemple. Nous pouvons très bien le reformuler : « C'est au Québec, dans les années 70, et non dans la Chine de Mao, que des professeurs se contentaient du salaire minimum et que des étudiants au doctorat allaient travailler en usine. » Même si ce type d'enchaînement ne heurte pas le bon sens, cela ne signifie pas pour autant qu'il peut être utilisé seul dans toutes sortes de textes. Par ailleurs, le caractère saccadé de l'énumération des faits vous a sans doute permis de reconnaître le style journalistique.

7.5.1.2 L'enchaînement par rappel

L'enchaînement par rappel signifie que l'auteur rappelle dans sa phrase ce qui a déjà été dit. Il fait donc appel à des anaphoriques.

Voici deux exemples où les auteurs ont eu recours à ce type d'enchaînement. Vous trouverez, entre crochets, les référents.

> Chaque année depuis cinq ans, l'équipe de *L'actualité* braque les projecteurs sur des hommes et des femmes qui ont marqué la société. Sept personnalités [hommes et femmes qui ont marqué la société] se retrouvent au palmarès de 1998. En tête de liste [du palmarès], un parolier qui, depuis 25 ans, porte le Québec bien au-delà de ses frontières…

> Je crois qu'il faut liquider le FMI! Il n'y a plus de justification à son [celle du FMI] existence. Cette institution [le FMI] a été créée en 1944-1945 dans un but bien précis : superviser un système de taux de change fixes. Ce système [de taux de change] a disparu en 1971 avec l'abandon par Nixon du prix fixe de l'or. À partir de ce moment [l'abandon par Nixon…], le FMI a perdu son rôle; il aurait fallu le [le FMI] liquider. Mais rien n'est plus permanent qu'un organisme gouvernemental, surtout un organisme gouvernemental international [comme le FMI].

7.5.1.3 L'enchaînement par articulation

L'enchaînement par articulation signifie l'utilisation, **entre les phrases**, d'un indicateur de rapport. Voici un exemple[13] où le rapport entre les phrases est ainsi assuré.

> Tout acte discursif se réalise par rapport à ces règles; il est pris nécessairement comme s'il était conforme aux règles ou comme s'il les transgressait ou les bafouait. **Ainsi**, poser un acte discursif, s'engager dans une transaction interlocutive, c'est suivre ces règles. **Or**, parmi ces règles, celle qui porte sur la situation interlocutive est fondamentale dans un sens qu'il faut souligner. **Selon cette règle**, les interlocuteurs doivent connaître la situation interlocutive dans laquelle un acte discursif est posé. **En effet**, c'est la situation interlocutive qui détermine, en partie, comment l'acte sera pris et compris – comme un renseignement, une menace ou une demande, par exemple. **Mais**, quelles que soient les composantes d'une situation concrète…

7.5.1.4 L'enchaînement d'un texte courant (enchaînement **mixte)**

Les exemples qui viennent d'être présentés ne reflètent pas l'enchaînement d'un texte courant. Généralement, les auteurs font appel aux trois modes d'articulation pour briser la monotonie de leur texte.

L'importance de chaque type d'enchaînement varie d'un paragraphe à un autre, d'un texte à un autre. Peut-on aller jusqu'à dire qu'elle varie d'une langue à une autre? Pour répondre à cette question, il faudrait analyser une foule de textes dans les deux langues et comparer les résultats.

Même si ce genre d'exercice dépasse les besoins immédiats de formation d'un traducteur, il serait quand même utile que vous vous penchiez sur le sujet, ne serait-ce que pour vous sensibiliser à cette réalité (voir l'exercice 28).

---

13. V. MENDENHALL, *Une introduction à l'analyse du discours argumentatif. Des savoirs et savoir-faire fondamentaux*, Ottawa, Presses de l'Université d'Ottawa, 1990, p. 9.

EXERCICE 28

TYPES D'ENCHAÎNEMENT

Directives : Lisez attentivement chaque paragraphe. Précisez quel type d'enchaînement interphrastique (juxtaposition, rappel ou articulation) l'auteur a utilisé[14]. Lequel de ces types est le plus fréquemment utilisé? Y a-t-il une différence entre les deux langues?

PARAGRAPHES EN FRANÇAIS

1. On lit trop souvent, même sous la plume de traducteurs avertis, que la traduction est un art. Cette formule, pour contenir une part de vérité, tend néanmoins à limiter arbitrairement la nature de notre objet. En fait la traduction est une discipline exacte, possédant ses techniques et ses problèmes particuliers, et c'est ainsi que nous voulons l'envisager dans les pages qui vont suivre. Ce serait, croyons-nous, faire un grand tort à la traduction que de la classer sans examen parmi les arts et d'en faire un huitième art en quelque sorte.
2. À la science du langage se rattache aussi la philologie, qui étudie les langues comme organes de la vie intellectuelle des peuples. La philologie s'occupe des faits linguistiques en tant qu'ils servent à connaître le génie des civilisations disparues. Ses observations portent non seulement sur les faits du langage, mais aussi sur l'histoire, la philosophie, la jurisprudence, les sciences, le folklore, etc., et, d'une manière générale, sur tout ce qui peut aider à la pleine intelligence des écrivains du passé.
3. Les caractéristiques du papier peuvent modifier considérablement l'aspect d'un dessin, et il est indispensable de savoir les reconnaître pour être à même de choisir parmi la grande variété disponible dans le commerce. En général, on conseille certains papiers pour certains usages. Mais ces conseils ne sont donnés qu'à titre indicatif. Bien souvent, un emploi inhabituel donne un meilleur résultat, pourvu qu'il soit fait à bon escient. Avant d'acheter un papier, il faut savoir ce que signifient les termes utilisés pour le décrire : ils sont expliqués dans ces deux pages.
4. Poissons : Chauffez le four à 400 °F. Nettoyez les poissons sous l'eau courante. Essorez-les dans des serviettes en papier. Par le dos, retirez l'arête, mais laissez la tête et la queue.

14. Dans cet exercice, la complexité de la phrase anglaise par rapport à celle de la phrase française n'est pas en cause. Les conjonctions de coordination ou de subordination à l'intérieur d'une phrase ne sont donc pas à prendre en considération.

Garnissez l'intérieur (des poissons) avec la farce. Fermez en piquant avec un bâtonnet en bois et ficelez. Disposez une feuille d'aluminium dans le fond et le long du plat de cuisson allant au four, badigeonnez avec 2 cuillerées de beurre ou d'huile. Rangez les poissons dessus. Badigeonnez-les avec 2 cuillerées de beurre fondu, salez, poivrez. Mélangez le restant de beurre et le vin blanc, versez sur les poissons. Mettez sur le feu, portez à petite ébullition puis rangez dans le four, sans couvrir. Arrosez les poissons toutes les 5 minutes avec le jus de cuisson. Ajoutez 3/4 de tasse de vin, si c'est nécessaire.

PARAGRAPHES EN ANGLAIS

5. A MESSAGE TO MOTHERS FROM DR. MUROOKA

Over the years, I have been privileged to deliver hundreds of babies. Most of "My Mothers" have considered childbirth a happy occasion. Some, for personal reasons, have not felt so. But for every mother, whether or not the child is a first born, it is a period of great mental stress. Stress is always apparent in any new momentous experience in our lives regardless of the happiness or sadness of the event itself. It has always been distressful to me, personally, to see that so many new mothers, when they visit my office for after-care, have become nervous and strained and confess to me their inability to cope with their newborns. The most common complaint centers on their infants' crying. Since crying is the newborn's only means of communication, it is important to listen closely to what your infant is trying to say. If you understand your baby's language, it will relieve your feeling of helplessness which is a major obstacle to the relaxation necessary for your health.
[...]

6. THE EARTH'S DRIFTING CONTINENTS...

Anyone who looks carefully at a globe will notice that the shapes of the continents seem to fit together. Geologists now believe that this is because today's continents all originated from one large land mass, called Pangaea, which has broken up and drifted apart during the last two hundred million years. The location of the continents during this process of separation is illustrated in the inset circles below. The continents, composed of the lighter materials, are visualized as independent plates which are in a constant state of motion as they drift over heavier plastic materials in the earth's mantle. The mechanism for the drift of continents results from the temperature gradient of the earth's interior (cooler near the surface and hotter at depth). Such a gradient within the mantle causes convection currents. This movement of materials allows temperatures near the earth's surface to rise in areas of tension (rift zones) so that crustal basalt may begin to melt. At the front of the moving plates materials are dragged downward into the mantle, where because of increasing temperatures, melting may also occur. Such areas form trench zones which are associated with volcanic action and mountain-building processes. The centre of the rift zone A (drawing upper left) allows molten basalt to well up from the earth's interior. The ancient continent (B) which rested above the rift is pulled apart by the motion of plates and the two halves (B^1, B^2) eventually drift over the surface of the globe. Slowly, as the continents drifted apart, the basalt extruded by the rift created a new ocean floor, leaving the rift itself (A) in the middle of the new sea.

7. IS IT REALLY SO? A GUIDE TO CLEAR THINKING

[...]

About 1930, in a little town of the State of Washington, there lived a man who professed to be a doctor practicing the "touch system of diagnosis." He was a clever quack who had no medical training. His office was in his home and he had no equipment to buy. He made it known by word of mouth that he did not charge for his services. He saw an average of over a hundred persons a day and they came from all over the Inland Empire. He would approach a patient and touch each finger of both hands with the matching fingers of his hands. He would explain that he was transmitting electricity from one hand through the body of the patient and back again to the other hand. Some patients said that they could feel a tingling in their fingers as he did this. By reading the electrical vibrations by touch, so he said, he could diagnose the illness. He saw only patients who could walk into his office and did not attempt to handle those who were seriously ill. He said that he was concerned with stopping early illness. He had a half dozen stock diagnoses. For example, he would tell a patient that he or she was about to develop epilepsy and that he could prevent it. He would give the patient a prescription to be filled at the local drugstore. For two dollars the patient received a large bottle of colored sugar water. All who were frightened by the threat of serious disease were grateful to the quack and his medicine when the disease did not develop. The risk of developing epilepsy or any other disease with which he threatened the patient was slight whether the medicine was taken or not. But the patient did not realize that this was true. Although the quack did not charge a fee, he collected a dollar for every bottle of sugar water sold by the drugstore, and there were many refills. In this story we see a form of post hoc reasoning *in which a false threat* is thought to be removed.

[...]

7.5.2 Le schéma de déroulement (fil conducteur)

Nous avons vu que, grâce aux référents et aux indicateurs de rapport, il est possible d'établir le lien entre deux phrases. Mais il peut arriver que des phrases qui se suivent semblent sans lien. Le traducteur sera alors tenté d'introduire un nouveau paragraphe. S'il cède à la tentation, cela pourra révéler un manque de compréhension découlant de son incompétence à voir la logique du paragraphe, à suivre l'idée développée par l'auteur.

Pour suivre le développement de l'idée, le traducteur doit dégager le schéma de déroulement. Ce schéma est défini par un fil conducteur qui doit commencer à la première phrase du paragraphe et se poursuivre jusqu'à la fin.

Rappelez-vous l'illustration graphique de la cohérence du texte sur Darwin (voir la section 7.2.2). Nous y avons relié par une flèche ce qu'il y a de commun entre les phrases étudiées, et la continuité de la flèche nous a fait dire que le paragraphe était cohérent.

Une cassure dans le fil pourra signifier que l'auteur aborde un aspect qui n'est pas pertinent. Le traducteur sera alors justifié d'introduire un nouveau paragraphe. Mais si c'est son incapacité à résoudre cette apparente discontinuité qui est en cause, l'introduction d'un paragraphe est une erreur! Voici un cas[15] classique, suivi de la traduction qu'habituellement on en fait :

[...][16]
At first I could see nothing. I tried hard, but there was only an apparently featureless expanse of gray wall. ***It was my son's friend who had recognized the profile of the horse's head.*** *He pointed: "See, there's the nostril." And all at once the entire head, beautifully executed in low relief and plain as day, appeared as if it had suddenly been placed before my eyes at that very moment— neck, cheek, eye, ear, and mane* [...].

En premier lieu, je ne distinguais rien. Je m'efforçais, mais il n'y avait apparemment qu'un semblant de paroi grise. Ce fut l'ami de mon fils qui reconnut le profil de la tête du cheval. Il nous montra à l'aide de son doigt : « Regarde, voici le naseau. » Et d'un seul coup, comme si elle avait subitement été placée devant mes yeux, superbement représentée en bas-relief et bien évidente, la tête entière apparut – le cou, la joue, l'œil, l'oreille et la crinière [...].

15. J.E. PFEIFFER, *The Search for Early Man*, New York, American Heritage, 1963, p. 15.

16. Un professeur, accompagné de sa femme, de son fils et d'un ami de ce dernier, part à la recherche d'une grotte, où, au dire d'un de ses collègues, il verrait une gravure de tête de cheval. Après plusieurs heures de fouille, l'ami du fils découvre la gravure. Toute la famille se dirige alors à l'endroit indiqué. Le père, auteur du texte, décrit sa réaction.

Qu'aurait dû être la réaction du traducteur? Se demander ce que vient faire cette phrase en gras dans le déroulement du paragraphe. Il aurait dû savoir qu'elle venait interrompre le fil des événements et que, par conséquent, elle ne pouvait être laissée dans sa forme actuelle, c'est-à-dire non articulée et indépendante[17]. La solution s'imposait d'elle-même : lui enlever son importance (en faire une relative, par exemple) et l'intégrer au récit (en l'articulant). Résultat possible :

> Au début, je ne distinguais rien. Malgré tous mes efforts, je ne voyais rien d'autre, en apparence, qu'une banale paroi rocheuse, **et cela aussi longtemps que** l'ami de mon fils, **celui-là même qui** avait découvert la tête de cheval, ne m'eut pas dit : « Voyez, ça, c'est le naseau. » Tout à coup, comme si on venait tout juste de me la mettre sous les yeux, la tête m'est apparue : l'encolure, la bajoue, l'œil, l'oreille et la crinière, tout y était [...].

Si, comme nous venons de le montrer, le traducteur ne perçoit pas le schéma utilisé par l'auteur, l'articulation de son texte en souffrira. Il n'aura alors traduit que des mots, avec tout ce que cela peut avoir comme répercussions sur la qualité de sa traduction. Voyons quels sont les schémas possibles.

Il existe au moins trois types de schémas de déroulement d'une idée dans un paragraphe.

7.5.2.1 Le déroulement en escalier

Quand il y a déroulement en escalier, chaque phrase découle de la précédente, comme chaque marche succède à une autre dans un escalier.

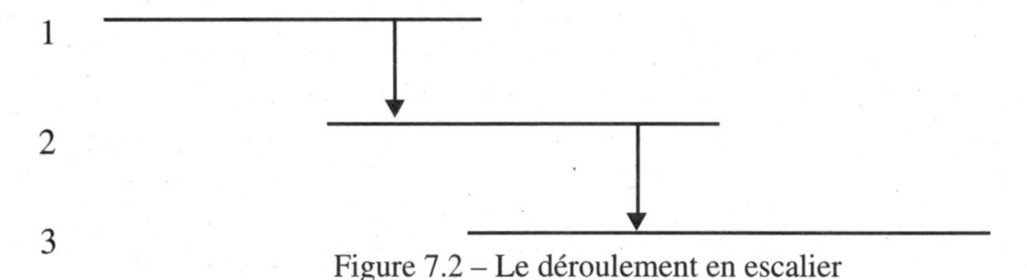

Figure 7.2 – Le déroulement en escalier

Exemple :

[1] *In the southwestern part of France, over three hundred miles from Paris, lies a deep little* ***valley*** *with a* ***trail*** *running down each side.* [2] *Recently I investigated the* ***valley****, following one of the* ***trails****, through the woods to the edge of a* ***field****.* [3] *Across the* ***field****,*

17. Voir l'annexe 5, numéro 7.

perched high on a gray limestone cliff, was a ruined ***castle*** *with three towers.* [4] *My wife and I, our son, and a friend of his gazed at the* ***castle*** *through the summer haze; it was* ***there*** *that we hoped to find a work of art made by men more than fifteen thousand years ago*[18].

- Dans la phrase 2, l'auteur reprend les mots *valley* et *trail* qu'il a utilisés dans la première phrase.
- Dans la phrase 3, il reprend le mot *field* qui se trouvait dans la phrase précédente.
- Dans la phrase 4, il réutilise le mot *castle* qu'il avait utilisé dans la phrase précédente et y renvoie dans le deuxième membre de cette phrase en utilisant l'adverbe *there*.

7.5.2.2 Le déroulement en fourchette

Par schéma en fourchette, nous désignons un déroulement qui, comme les dents d'une fourchette, part d'un élément commun. Dans le cas d'un paragraphe, cet élément commun est souvent la phrase-clé.

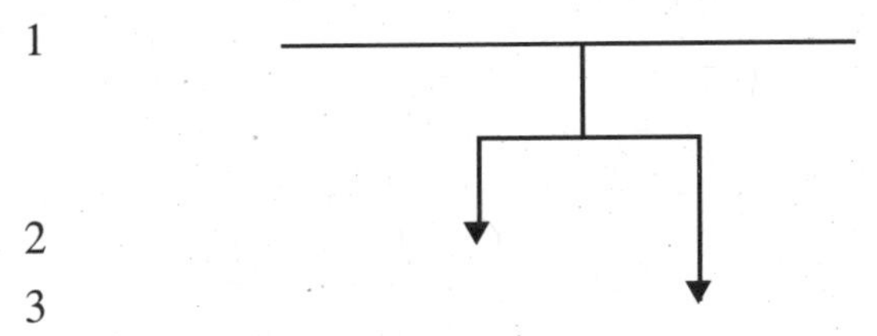

Figure 7.3 – Le déroulement en fourchette

Exemple :

[1] *Many substances in food* ***initiate*** *and* ***promote*** *cancer.* [2] *Nitrosamines, food additives that are found in processed meats, are* ***initiators*** *of cancer.* [3] *Alcohol does not initiate cancer, but it does* ***promote*** *the growth of pre-existing cancer cells.*

- Dans la phrase 1, l'auteur nous annonce deux aspects : *initiation* et *promotion*.
- Dans la phrase 2, il aborde le premier aspect : *initiation*, avec comme exemple la nitrosamine.
- Dans la phrase 3, il aborde le deuxième : *promotion*, avec comme exemple l'alcool.

Il n'y a ici aucun lien entre les phrases 2 et 3 : la phrase 3, tout comme la phrase 2, se rattache à la première phrase. Dans l'exemple cité, le déroulement en fourchette est facilement identifiable. Mais il n'en est pas toujours ainsi, ce qui explique, dans les traductions, un hiatus

18. J.E. PFEIFFER, *The Search for Early Man*, New York, American Heritage, 1963, p. 11.

dans le déroulement de l'idée, causé par la non-détection du type de déroulement et, par conséquent, par l'absence d'articulation comme (quant à, d'autre part, etc.).

7.5.2.3 Le déroulement en râteau

Dans le déroulement en râteau, l'auteur indique, en début de paragraphe, le sujet général qu'il aborde, sans toutefois préciser les divers aspects considérés (comme dans le déroulement en fourchette). Chaque élément d'information constitue un exemple du sujet général abordé. Si le schéma d'un paragraphe est de ce type, il est possible, assez souvent, de déplacer les phrases sans nuire à la logique, car elles n'ont aucun lien entre elle; elles n'en ont qu'avec la phrase-clé.

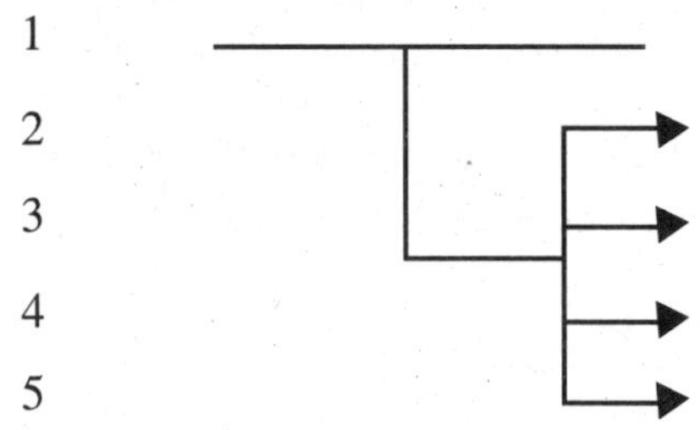

Figure 7.4 – Le déroulement en râteau

Exemple :

The conductor has a difficult job—in fact, many jobs all rolled into one. He must study and memorize thousands of measures of music so that he can be free to turn from his score to look at his orchestra or chorus. (Someone has said that a conductor must have "the score in his head not his head in the score.") He must drill his performers in rehearsal so that all the sounds become perfectly balanced. He must also be on the lookout for new works that he thinks his audience should hear. The orchestral conductor may be able to play only one instrument, but he is expected to know something about every instrument, so that he can make helpful suggestions to his players. A conductor must also be in good physical condition, like a well-trained athlete, because for several hours he will be moving about vigorously. He holds the baton at the height of his shoulder so that each member of the orchestra can see him. The reader can get an idea of how this feels by waving a pencil held at shoulder height and seeing how long it takes for his arm to get tired.

Dans ce texte, l'auteur énumère une série de tâches que doit accomplir un chef d'orchestre. Tout le paragraphe est une explicitation des *many jobs* mentionnés dans la phrase-clé.

Il faudrait que vous, futur traducteur, dès la première lecture, sachiez découvrir le schéma de déroulement de l'idée du paragraphe. Cette découverte vous aidera à mieux formuler en français l'idée que vous aurez dégagée (voir l'exercice 29).

EXERCICE 29

SCHÉMAS DE DÉROULEMENT

Directives : Lisez attentivement les paragraphes suivants et indiquez graphiquement le déroulement (en escalier, en fourchette ou en râteau) que l'auteur a choisi.

1. The turret ("nosepiece") supports the objective lenses and is attached to and rotated on the lowest part of the tube. There are usually two objective lenses (x 10, x 44), which may be screwed into or removed from internally threaded sockets on the turret. The turret is rotated by swinging the desired objective lens into a snap-fit position along the optical axis.

2. Vitamin E is found in foods of both plant and animal sources. Vegetable oils and seed oils are the best sources. Vitamin E is actually a family of compounds called the tocopherols. Alpha tocopherol is the most active in body processes. The alpha tocopherol content varies between vegetable oils, but safflower oil contains the highest amount of this form of vitamin E. Whole grains are good sources of vitamin E, but the vitamin is lost in the milling and bleaching of refined grains. The vitamin E content of vegetable oils also declines when they are refined and bleached. The byproducts of this process contain so much vitamin E that they are used in making vitamin E supplements.

3. Poland was a particularly desirable target. About a third of its population was of non-Polish stock. Its leaders too often showed excessive ambition and limited talent. Its flat, fertile fields, protected by antiquated matériel, offered optimum conditions for the Germans to experiment with their new blitzkrieg—lightning war.

4. The earth receives a tremendous quantity of radiant energy from the sun, about 30% of which is reflected into space by the earth's atmosphere. The remaining energy passes through the atmosphere to the earth's surface. Some of this energy is absorbed by plants to drive photosynthesis and some by the oceans to evaporate water, but most of it is absorbed by soil, rock, and water to increase the temperature of the earth's surface. This energy is in turn radiated from the heated surface mainly as infrared radiation, often called heat radiation.

5. Despite its long history of use, relatively little is known about the chemical composition of coal. This is due in large part to the highly complex and variable nature of coal. Coal is composed of fossilized plant fragments together with minerals, water, and gases trapped in a porous matrix. There is tremendous variation in the composition of coal from different deposits and even within a given deposit. This makes it difficult to develop general procedures for processing raw coal.

6. One of the more abundant and troublesome atoms in coal is sulfur. Although the original plants that formed coal are thought to have had only about 0.5% sulfur content, some coal, particularly that mined in the Midwest, contains more than 10 times this much sulfur. This high sulfur content is thought to be the result of bacterial action. Apparently the plants were submerged in brackish water containing large amounts of sulfate ions. As a bacteria living in the water consumed the sulfate, which served as a source of oxygen for them, the sulfur that remained was deposited in the sediment and became trapped in the coal.

7. There are three generally accepted definitions of an herb. Botanically, herbs are non-woody annual, biennial, and perennial plants that die back each year after blossoming. Another definition describes them as any of the herbaceous plants valued for their flavor, fragrance, or medicinal properties. The third is actually not a definition but a distinction between the culinary herbs and spices.

8. Blood pressure is the blood's force against the walls of the arteries as it is pumped from the heart to the tissues. Blood pressure is similar to the pressure of water (blood) in a garden hose (arteries). The more force exerted by the faucet (heart), the greater the pressure of water against the sides of the hose. If the hose is kinked or constricted (as in atherosclerosis), the pressure increases substantially.

9. Wine has been an integral part of man's culture since earliest times, creating during its long evolution a great variety of tastes, all distinct to the palate. There are different soils, different climates, and different types of vines. Each plant is a living being, with its own preference for soil and climate. Grapes of widely differing qualities are grown according to the geological and chemical properties of the soil, the vineyard's exposure to the sun, and the climate and its seasonal variations.

10. Timing of the harvests depends on the desired tartness or sweetness of the grape. The manner in which this quality of the juice to be extracted from the grape is expressed varies in different countries and regions. There are innumerable combinations of grapes and countless varieties of growing conditions, of climates and soils, of harvesting and processing techniques, of bottling, storing, and shipping wine to the

consumer. That is why you have so many wines to choose from, and that is why the same vineyard may produce wines that differ considerably from one year to another, and why different wines may be obtained from the same grapes.

11. The importance of herbs dates back thousands of years. They have been used in cooking and medicine, as fragrances, and for ornament. Today, the popularity of these plants can be attributed to their numerous practical uses, which give them an appeal to gardeners and non-gardeners alike.

12. **Corsica: The Land.** The character of the coast varies greatly. On the west the coast is generally high and rocky. It is marked by deep inlets from the sea, like those in Brittany, and these are separated by the mountain spurs already mentioned. On the east, however, the coast is unbroken and ringed with coastal lakes and lagoons, which make the alluvial plain of Aleria unhealthy.

7.6 Les problèmes posés par les anaphoriques et les indicateurs de rapport

Nous avons vu jusqu'à présent comment les anaphoriques et les indicateurs de rapport contribuent à assurer au paragraphe sa cohérence. Ces outils, mal utilisés, deviennent source d'incohérence.

En tant que traducteur, vous aurez à jouer avec deux systèmes linguistiques, qui tous deux font appel à des anaphoriques et à des indicateurs. Il vous faut bien comprendre leur utilité dans le texte de départ et savoir les utiliser dans le texte d'arrivée.

7.6.1 Les dangers dans l'emploi des anaphoriques

Quand vous lisez un texte anglais, il vous faut débusquer le référent de tout mot anaphorique que vous rencontrerez, sinon le texte n'aura pas de sens. Une bonne identification du référent est essentielle à la compréhension du texte de départ. Rappelez-vous l'exercice 22, où vous avez été invité à trouver les référents des divers mots anaphoriques rencontrés dans les textes.

Le recours à l'anaphore est une arme à deux tranchants. Bien utilisée, l'anaphore permet une économie dans l'expression et aide à la compréhension du texte. Mal utilisée, elle peut confondre le lecteur. Ce danger est particulièrement important avec l'usage des pronoms, qu'ils soient personnels, relatifs ou démonstratifs, car, en français comme en anglais, ils ont la valeur (le sens, le genre et le nombre) de leur référent.

7.6.1.1 Le pronom personnel

L'emploi d'un pronom personnel expose à certains genres de fautes.

- **On lui fait représenter un mot dont il ne saurait logiquement tenir la place.** Par exemple : « Donc, si la personne se fixe trop d'objectifs, il (??) risque d'en (*sic*) acquérir aucun. »

  Ici, le pronom « il », masculin, devrait avoir comme référent un nom masculin. Or, il remplace le substantif « personne », qui est féminin. Il y a donc erreur. L'auteur aurait dû écrire : « Donc, si la personne se fixe trop d'objectifs, **elle** risque de n'en acquérir aucun. »

- **On réunit dans une même phrase deux pronoms qui ne représentent pas la même personne.** Il peut s'agir du même pronom personnel ou encore d'un pronom personnel et d'un possessif. L'exemple suivant est tiré de la quatrième de couverture du roman *Narcisse et Goldmund*, de Hermann Hesse :

  > C'est dans l'Allemagne du Moyen Âge qu'Hermann Hesse, prix Nobel de littérature, a situé l'histoire du moine Narcisse et de Goldmund, enfant très doué qu'on lui a confié et auquel il s'attache. **Il** sent que **sa** vocation n'est pas le cloître…

  Quels sont les référents du pronom personnel « il » et du pronom possessif « sa »? Si le texte est bien écrit, le sens se laisse appréhender à la première lecture. Tel n'est pas le cas, ici.

  L'utilisation de « il » pèche contre un principe trop souvent ignoré : quand deux propositions se suivent, le pronom « il(s) » ou « elle(s) », en tête de la seconde, représente toujours le sujet de la première. Il faudrait conclure ici que le référent du « il » est Hermann Hesse. Non-sens, Hermann Hesse n'est pas un personnage du roman. Quel est donc le référent de ce pronom personnel? Narcisse ou Goldmund? La réponse n'est pas claire. Deux interprétations sont possibles. Les voici :

  a) Vu que Narcisse s'est fait moine, il avait la vocation, du moins l'a-t-il cru jusqu'au moment où il s'est attaché à Goldmund. Si « il » remplace effectivement Narcisse, peut-être sommes-nous en face d'une histoire de pédophilie latente. Son attachement à Goldmund lui aurait fait prendre conscience de son orientation sexuelle!

  b) « Il » pourrait désigner Narcisse, et « sa vocation » pourrait faire référence à Goldmund. Dans ce cas, ce serait le moine qui constaterait que le jeune Goldmund n'a pas la vocation.

  Seule la poursuite de la lecture nous permettrait de lever le doute. L'ambiguïté que l'on décèle ici, à la première lecture, nous fait dire que l'auteur de ce court texte ne manie peut-être pas la langue aussi bien qu'il le faudrait. Il aurait pu lever l'ambiguïté en formulant la phrase de la façon suivante : « Sentant que la vocation de Goldmund n'est pas le cloître, le moine… »

- **On identifie mal le référent.** Voici quelques phrases où l'emploi du pronom pose problème. Si vous n'arrivez pas à corriger ces quelques phrases, consultez *Le bon usage*, de Grevisse.

  Je ne veux plus de femme de ménage. Je **le** ferai moi-même.

  Elle fut très surprise d'apprendre sa mort, croyant qu'il **l'**était depuis un certain temps.

  Était-ce bien toi qui **s'**occupait du courrier?

  Les chercheurs ne rencontrent plus leurs étudiants qu'une fois par semaine, si bien qu'**ils** sont plus autonomes qu'auparavant.

  En tant que traducteur, vous devez savoir non seulement reconnaître les référents dans le texte de départ, mais aussi utiliser les anaphoriques de façon appropriée dans le texte d'arrivée.

7.6.1.2 Le pronom relatif

Nous avons vu précédemment divers moyens de remplacer la proposition relative. Une telle opération permet souvent une grande économie dans l'expression de l'idée. Il ne faut toutefois pas penser que la relative est à proscrire. Le pronom relatif a sa raison d'être en français.

Comme son nom l'indique, le pronom relatif introduit une proposition qui n'a pas l'importance de la principale dont elle dépend; son importance est **relative**. Il n'est pas pour autant question de bannir le pronom relatif. Il faut savoir l'utiliser, quand le besoin s'impose.

Il s'agit d'identifier le référent et d'éviter de créer :

- des équivoques (« La poupée de Louise qui est en cire est brisée »; faut-il se désoler du sort de la poupée ou de la nature cireuse de Louise?);
- des cascades de relatifs (« J'ai vu mon cousin qui m'a donné des nouvelles de ma tante, qui est malade depuis l'accident qui lui est arrivé, en allant à la représentation qui a eu lieu vendredi dernier, avec mon oncle qui était déjà revenu d'un voyage qui l'avait retenu loin du pays durant plusieurs semaines »);
- de la cacophonie par le voisinage d'autres mots aux mêmes consonances (« Il est pres**que** **con**vain**cu** **que**, lors**que** **Ki**ki… »).

7.6.1.3 Le pronom démonstratif

Quiconque a le moindrement prêté attention aux textes anglais a noté la fréquence d'utilisation du pronom démonstratif (*this* ou *that*) en début de phrase. Voici quelques exemples, hors contexte évidemment :

> *Once the topics are written out, they can be rearranged to build a paragraph to a strong climax.* ***This*** *is the real reason for paragraph outlining.*
>
> *In other words, biological evolution is continuing and can be observed.* ***This*** *helps explain what may have occurred in the past.*
>
> *It is possible to build computers that can be programmed to make new meaningful combinations of information.* ***This*** *resembles reasoning.*
>
> *If a person feels that a law is injust, said Socrates, he has two courses of action. He could either . . . or . . . But he must not break the law. In* ***this****, he is no different from the state, which must not neglect its duty to the citizen.*
>
> *At that time he must have put a lot of complex thought into selecting a suitable framework.* ***This****, in fact, is when the process of logical division begins.*

La tentation est certainement très forte de traduire ce *this* ou *that* par « cela ». Ce mode d'articulation n'est pas très fréquent en français. Il est même recommandé[19], dans un tel cas, d'étoffer ce *this* par un nom qui rappelle clairement ce dont il est question. Pour bien réussir cette opération, le traducteur doit identifier le référent du pronom démonstratif, tâche qui n'est pas toujours facile.

L'exercice 30 vous fournit l'occasion d'étoffer le pronom démonstratif, en français. Si vous n'éprouvez aucune difficulté à faire cet exercice, vous serez aussi habile quand viendra le temps de traduire *this* ou *that*.

---

19. J.-P. VINAY et J. DARBELNET, *Stylistique comparée du français et de l'anglais*, Montréal, Beauchemin, 1958, p. 112-113.

EXERCICE 30

REMPLACEMENT DES PRONOMS « CECI » ET « CELA »[20]

A. Si le pronom est sujet, remplacez-le par un adjectif démonstratif suivi d'un substantif.

Exemples :

Il se livre à l'ivrognerie. **Cela** le ruinera.	**Ce vice**…
Son frère vient de mourir. **Cela** le décourage.	**Cette épreuve**…

1. Vous aimez votre *alma mater*. Cela vous honore.
2. Il a tué son frère. Cela reste impuni.
3. Votre fille est reçue traductrice. Cela n'étonne personne.
4. Vous vous confiez à un inconnu. Cela vous coûtera cher.
5. Il a réussi à doubler Villeneuve. Cela lui donna la victoire.

B. Si le pronom est complément, il est possible de recourir au même procédé.

Exemples :

Vous dites ne pas avoir eu le temps. Je n'admets pas **cela**.	Je… **cette excuse**.
On annonce des vents violents. Pourquoi vous exposez-vous à **cela**?	Pourquoi… **ce danger**?

1. On cherche les causes de la panne d'électricité. Pour **cela**, une commission vient d'être nommée.
2. Je rédige un livre. Dans trois mois, j'aurai terminé **cela**.
3. Il y a un grand débat sur le célibat des prêtres. Voici ce que des théologiens répondent à **cela**.
4. J'ai fait de grands sacrifices. C'est pour vous que j'ai dépensé tout **cela**.
5. N'oubliez jamais **ceci** : qui trop embrasse mal étreint.

a) Dans ce cas, le remplacement du pronom entraîne parfois celui du verbe qui précède.

Exemples :

Le professeur m'a demandé **ceci**. Le professeur m'a **posé cette question**.
Je me suis engagé à **cela**. J'ai **pris cette résolution**.

---

20. D'après E. LEGRAND, *Stylistique française*, 12e édition, Paris, Gigord, 1951.

1. Je vous conseille **ceci**.
2. Je me suis engagé à faire **cela**.
3. Pourquoi vous ai-je prêté **cela** (argent)?
4. Je lui ai ordonné **cela**.
5. Pour mes enfants, j'ai sacrifié **cela**.

b) S'il est complément d'un infinitif, le pronom peut être remplacé par un nom abstrait précédé de l'adjectif démonstratif.

Exemples :

Vous persistez à réclamer **cela**. Vous maintenez **cette réclamation**.
C'est toi qui m'as fait souffrir tout **cela**. C'est toi qui m'as causé **toutes ces souffrances**.

1. Vous persistez à refuser **cela**.
2. Je m'étonne qu'il se résigne à demander **cela**.
3. Je viens vous annoncer **ceci**.
4. L'étudiant n'osera pas proposer **cela** à son professeur.
5. Il s'est enfin décidé à demander **cela**.

7.6.2 Les dangers dans l'emploi des indicateurs de rapport

Vous savez qu'il existe trois façons de relier des énoncés : la juxtaposition, la coordination et la subordination. Vous savez aussi que le lien entre deux phrases qui se suivent peut être implicite (par juxtaposition) ou explicite (par rappel ou par articulation).

En quoi ces façons de procéder risquent-elles d'être une source de difficultés pour le traducteur? Plusieurs facteurs peuvent être invoqués, dont la méconnaissance de la langue de départ, ce qui peut être le fait de l'auteur du texte ou du traducteur.

7.6.2.1 L'auteur

Quand on commence en traduction, on s'imagine que le texte à traduire est sans bavure parce qu'il est écrit en anglais. Mais que l'auteur soit français ou anglais, il n'est pas à l'abri des erreurs. J'en veux pour preuve l'emploi de *however*. Le traducteur devrait toujours se demander si cette conjonction exprime bel et bien le bon rapport. Il arrive souvent qu'elle exprime autre chose qu'une restriction. Le rédacteur anglophone l'utilise souvent mal, lui donnant un sens qu'elle n'a pas.

7.6.2.2 Le traducteur

La méconnaissance de la langue peut se manifester, chez le traducteur, de différentes manières. Les dangers qu'occasionne cette méconnaissance sont : la traduction littérale de certains indicateurs de rapport et la traduction uniforme de certains indicateurs.

La traduction littérale de certains indicateurs de rapport

Le traducteur peut se laisser tromper par la ressemblance morphologique. Par exemple, *in fact* ne se rend pas par « en effet », mais bien par « en réalité », « en fait », « de fait », « effectivement »; *in view of* signifie « étant donné que », « vu que » et non « en vue de ».

La traduction uniforme de certains indicateurs

Le traducteur peut aussi ne pas être conscient de la polysémie de certains indicateurs. Il lui faut se rappeler qu'un indicateur peut exprimer différents rapports (voir l'exercice 25). Delisle, dans son ouvrage *La traduction raisonnée*, aborde les cas de *when, while* et *as*[21].

Le cas particulier de la conjonction and

S'il est un indicateur qui est toujours, ou presque, traduit de façon uniforme, c'est bien la conjonction *and*. Traduire mécaniquement *and* par « et » – ce que le traducteur fait assez régulièrement – révèle une connaissance superficielle de l'anglais. Ce réflexe, sans doute pardonnable chez un débutant, cache un vice de méthodologie, celui de croire que le mot anglais n'a qu'une seule acception en français, et que c'est nécessairement la plus courante. Pour qui n'est pas débutant en traduction, la démarche consiste à se demander quels sont les rapports que peut exprimer la conjonction *and* et, s'il en existe plusieurs, lequel s'appliquera.

Voyons d'abord ce que dit le dictionnaire *Merriam-Webster* à l'entrée *and*.

> ***1****—used as a function word to indicate connection or addition esp. of items within the same class or type; used to join sentence elements of the same grammatical rank or function* ***2 a****—used as a function word to express logical modification, consequence, antithesis, or supplementary explanation* ***b****—used as a function word to join one finite verb (as go, come, try) to another so that together they are logically equivalent to an infinitive of purpose (come and see me).*

21. S'inspirant d'un article de Paul Jinot, Delisle confère, entre autres, à *as* une valeur de simultanéité qu'il rend par « alors ». Il vaudrait sans doute mieux, pour rendre cette simultanéité, éviter d'utiliser « alors que », étant donné le caractère vieilli de l'acception temporelle. En français moderne, selon *Le Petit Robert*, « alors que » n'a qu'un sens adversatif (il fait bon chez vous, alors qu'on gèle chez moi).

Il est évident, à la lecture de ces acceptions, que *and* sert à indiquer beaucoup plus qu'une simple addition d'éléments partageant une même caractéristique. Toujours traduire *and* par « et » révèle chez le traducteur un manque de sensibilité au texte. On ne voit dans la conjonction *and* qu'une seule fonction alors qu'elle en a bien d'autres.

Étant donné la polysémie de *and*, il est presque assuré que cette conjonction se verra plus fréquemment dans les textes anglais que son équivalent « et » dans les textes français. Si vous en doutez, comparez des textes anglais et leurs traductions. Comptez les *and* et les « et », puis tirez les conclusions qui s'imposent.

La conjonction *and* qui coordonne deux mots de même nature, comme deux noms, deux adjectifs, deux adverbes, peut fort bien être traduite par « et », même s'il existe d'autres façons de faire. Quand *and* coordonne deux propositions, demandez-vous si le rapport que cette conjonction exprime est un rapport d'addition ou non[22]. Nous vous présentons, en encadré, différentes traductions possibles de la conjonction *and*, utilisée pour coordonner deux propositions ou deux mots de même nature.

22. Rappelez-vous, à la section 7.3.4.2, la phrase « Pierre aime jouer au golf et faire des randonnées pédestres. » L'énoncé ne précise rien d'autre que le fait que Pierre aime s'adonner à deux activités. Le « et » marque donc un rapport d'addition.

TRADUCTIONS POSSIBLES DE LA CONJONCTION *AND*

Coordination de deux propositions

DO NOT *use chlorine bleach as it penetrates the Silverstone surface* ***and*** *is released in use.*	**NE JAMAIS** utiliser de javellisant au chlore car il pénètre le revêtement antiadhésif **pour** s'en dégager pendant la cuisson.
Touch Clear/Off pad ***and*** *oven is ready for use and the clock can be set.*	Appuyez sur la touche « Clear/Off ». Le four est **alors** prêt à fonctionner et vous pouvez régler l'heure.
As I straightened up ***and*** *tried to catch my breath, I saw he still had his hands in his pockets: which I will confess, didn't exactly endear him to me.*	Lorsque je me redressai, le souffle court, je vis que Hamilton avait encore les mains dans les poches – ce qui, je l'avoue, ne me le rendit pas plus sympathique.
For example, the needs of someone attempting to express tactful advice or contradiction are quite different from those of someone drawing up a job application, ***and*** *these varied needs are met in correspondingly varied ways within this section.*	Par exemple, le vocabulaire d'appoint nécessaire est différent selon qu'on fait une demande d'emploi ou qu'on cherche à exprimer avec politesse son désaccord. **Par conséquent**, la présentation varie suivant les besoins pratiques de chaque cas.
Now he stopped ***and*** *waited for me.*	Il s'arrêta **pour** m'attendre.
Desktop radio, requiring no physical tape, allows more efficient and flexible production methods ***and*** *will benefit all those in program production.*	La radiotique, qui rend superflue l'utilisation de la bande audio, permet d'employer des méthodes de production plus efficaces et plus souples. **Cette technique** profitera à tous ceux et celles qui travaillent à la réalisation des émissions.

TRADUCTIONS POSSIBLES DE LA CONJONCTION *AND* (SUITE)

Coordination de deux mots de même nature

[...] *the ideal thing being to be capable of never singing the same aria twice with the same ornamentation,* ***and*** *without altering either the text or the music of that aria.*	[...] l'idéal étant d'être capable de ne jamais chanter deux fois le même air avec la même ornementation **sans pour cela** dénaturer ni le texte ni la musique.
One of our primary concerns has been to make the dictionary equally valid for French-speaking ***and*** *English-speaking users.*	Une autre préoccupation fondamentale a été de faire un dictionnaire qui s'adresse **aussi bien** au lecteur de langue française **qu'à celui** de langue anglaise.
[...] *which has led to greater competition* ***and*** *ultimately to pressure on prices.*	La situation de concurrence s'en est ressentie, **avec** une forte pression sur les prix.
That evening, a fine banquet ***and*** *social sets the mood for another enjoyable year for those dairy producers who choose the Ayrshire breed to make their living.*	En soirée, un banquet **suivi** d'une soirée sociale créera une ambiance propice à une autre année agréable pour ces producteurs laitiers qui ont choisi la race Ayrshire pour gagner leur vie.
I simply don't want to cancel it. I love my garden. This is a way of sharing it—with friends ***and*** *with people I don't even know.*	Je refuse d'annuler. J'adore mon jardin. C'est une façon de le partager avec des amis **ou** avec des gens que je ne connais même pas.
[...] *we continued to make daily calls at Mr. Valdemar's house, accompanied, now and then, by medical* ***and*** *other friends.*	[...] nous continuâmes de rendre visite à M. Valdemar quotidiennement, accompagnés de temps à autre par des médecins **ou** d'autres amis.

La prochaine fois que vous rencontrerez la conjonction *and*, arrêtez-vous un instant pour vous demander quel rapport cette conjonction peut bien vouloir exprimer. Si vous dégagez bien le rapport, vous serez surpris de constater combien votre traduction sera plus française et plus agréable à lire.

8 LE TEXTE

Nous voici à l'étape d'entreprendre l'étude du matériau sur lequel travaille le traducteur : le texte.

Nous avons jusqu'à présent abordé le mot et son importance en quête de ce qu'un auteur veut dire (texte de départ) et de ce que vous, en tant que traducteur, devez dire (texte d'arrivée). Nous avons ensuite vu la phrase (**regroupement de mots**) et son importance dans le dire et le vouloir-dire. Et nous venons de terminer l'étude du paragraphe (**regroupement de phrases**) et de ses caractéristiques. Il nous reste donc à examiner le **regroupement de paragraphes**, qui fait le **texte**.

Durant votre formation, vous aurez à traduire, comme travaux pratiques (TP) ou au moment des épreuves en temps limité (ÉTL) de 300 à 500 mots[1], qui formeront un ou plusieurs paragraphes. Il va sans dire qu'une fois votre formation terminée vous aurez à traduire des textes beaucoup plus longs, même si, à l'occasion, de courts textes pourront vous être soumis.

8.1 Le texte tient du paragraphe

Quand on examine attentivement un texte, on constate qu'il tient du paragraphe : ses caractéristiques sont les mêmes. En effet, on verrait mal qu'il y ait, dans un texte, des paragraphes sans aucun rapport avec le sujet. À l'instar du paragraphe, le texte doit donc avoir de l'**unité**. De plus, il doit être **cohérent** : ses paragraphes doivent être présentés dans un ordre logique. Si un texte est bien écrit – ils devraient théoriquement tous l'être, mais la réalité est souvent différente –, il sera impossible de déplacer un paragraphe. Tout au plus, pourra-t-on en regrouper deux ou en scinder un, car la logique de l'auteur ou sa maîtrise des règles de rédaction ne sont pas toujours irréprochables. Enfin, un texte contient, la plupart du temps, un **paragraphe-clé**, tout comme le paragraphe contient une phrase-clé (*topic sentence*), car un auteur indique généralement à son lecteur la raison d'être de son écrit.

1. Vous remarquerez que les textes proposés dans la cinquième partie (recueil de textes) sont soit complets et courts, soit incomplets mais assez longs pour vous permettre de situer dans l'ensemble du texte l'extrait à traduire.

8.2 Le livre tient, lui aussi, du paragraphe

Ce n'est pas parce qu'un texte couvre plusieurs centaines de pages que ses caractéristiques doivent changer. L'**unité** du sujet va de soi, car l'éditeur demande généralement à un auteur d'écrire un livre sur **un** sujet particulier. La **cohérence** va également de soi : les chapitres respectent une logique interne au sujet. L'introduction, qui peut couvrir plusieurs pages, sert à présenter le sujet. Elle joue donc, dans le texte, le rôle que joue la **phrase-clé** dans le paragraphe.

8.3 Étude d'un texte court mais complet

Il convient donc, pour bien comprendre la structure d'un texte, d'en examiner l'ensemble, ne serait-ce que dans ses grandes lignes. Pour ce faire, il faut un texte complet qui soit suffisamment long pour pouvoir expliquer comment il s'articule, mais suffisamment court, ici, pour ne pas allonger indûment le présent ouvrage.

Notre choix s'est porté sur un texte anonyme, tiré d'un livre intitulé *How to Grow Herbs*, acheté chez un horticulteur. Nous allons examiner ensemble les cinq premiers paragraphes, réservant les autres à l'exercice 31. Vous avez toutefois intérêt à lire le texte dans sa totalité avant d'en aborder l'étude.

HERBS IN LITERATURE AND LEGEND[2]

[1] *The earliest sources of herb lore and usage are ancient Greek and Roman poetry and myths and the Bible. These references provide us with many of the popular beliefs and conceptions of plants in these times.*

[2] *Some herbs such as dittany of Crete and rue were supposed to have been given by the gods to mankind or to a hero to help them cure sickness and wounds or to avert disaster. Other herbs were thought to be divine because, as described in the myths of Apollo and Daphne (page 75) and that of Pluto and Menthe (page 69) they were created by a metamorphosis of a man or god into a plant.*

[3] *One of the fascinating things about these myths is the close tie between the origin of an herb and the way it was used. Because Aeneas was believed to have used dittany*

2. La numérotation des paragraphes est de nous. Elle a pour seul but de faciliter l'explication du texte.

to heal the wounds of his soldiers, it was said that animals wounded by hunters ate the leaves to remove the spear or arrow that had struck them and to heal the wound.

[4] *If a god was somehow associated with a particular herb, perhaps because he gave it to a hero or had been changed into it through a metamorphosis, it was usually thought to be favored by him and therefore used to decorate his temple and to honor him in ceremonies.*

[5] *Another ancient use of herbs was in religious rituals and sacred offerings to the gods. The fragrant herbs were burned as incense in belief that their sweet smelling smoke would rise into the heavens and please the gods. For the same purpose, they were placed on sacred animals that were burned in sacrifices.*

[...]

8.3.1 La recherche des phrases-clés

Quand un paragraphe ne contient pas de phrase-clé, et c'est généralement le cas des paragraphes courts, le lecteur doit synthétiser l'idée exprimée par l'auteur, autrement dit formuler la phrase-clé. C'est là une opération qui exige des capacités d'analyse et de synthèse.

Dans le texte à l'étude, les paragraphes[3] sont courts; ils ne contiennent respectivement que deux phrases, deux phrases, deux phrases, une phrase et trois phrases. Avec un nombre aussi restreint de phrases, il est inutile de chercher une phrase-clé. Il faut donc en formuler une.

8.3.2 La formulation des phrases-clés

Dans le paragraphe 1, l'auteur nous dit où se trouvent consignés les ***beliefs*** et ***conceptions*** touchant les plantes. Une fois terminée la formulation des phrases-clés, nous serons en mesure de dire que ce premier paragraphe joue le rôle de paragraphe-clé, mais en partie seulement. En effet, il n'est question que d'un des éléments mentionnés dans le titre, il n'y est pas fait mention de *literature*.

Dans le paragraphe 2, l'auteur présente deux exemples de *beliefs* (1re phrase : ***were supposed*** *to*...) et deux exemples de *conceptions* (2e phrase : ***were thought*** *to*...) : selon

3. Remarquez l'alignement des paragraphes « au carré avec rentrée » (voir A. RAMAT, *Le Ramat de la typographie*, Montréal, Aurel Ramat, 1999, p. 18).

certains ***myths***, des herbes seraient même divines parce qu'elles résulteraient de la ***metamorphosis*** d'un dieu.

Selon le paragraphe 3, une des particularités de ces ***myths*** est la relation étroite entre l'origine d'une herbe et la façon dont ***it was used***. L'auteur en cite un exemple dans la 2e phrase.

Le paragraphe 4 révèle que si une plante est associée à un dieu, par exemple, par ***metamorphosis***, cette croyance a des conséquences, notamment sur la façon dont elle est ***used*** (*to decorate*).

Au paragraphe 5, l'auteur indique ***another ancient use*** : ***religious rituals*** (explicité à la 2e phrase) et ***sacred offerings*** (explicité à la 3e phrase).

8.3.3 Le type d'enchaînement des paragraphes

Nous avons mis en italique gras, dans la section précédente, les mots importants : ceux qui permettent de relier les paragraphes entre eux. Vous remarquerez que l'auteur procède par **rappel** d'un paragraphe à l'autre, et que le rappel dépasse parfois deux paragraphes successifs :

- *beliefs*, au paragraphe 1, est repris sous une forme différente (*in belief that*) au paragraphe 5;
- *myths*, au paragraphe 1, se retrouve aux paragraphes 2 et 3;
- *metamorphosis*, au paragraphe 2, revient au paragraphe 4;
- *used*, au paragraphe 3, se retrouve aux paragraphes 4 et 5.

Votre sensibilité au texte devrait vous avoir permis de déceler, dès la première lecture, ces rappels qui lui confèrent une grande unité.

8.3.4 LE FIL CONDUCTEUR

L'unité, dont nous venons de parler, se voit bien si l'on présente les différents paragraphes uniquement par leurs mots-clés.

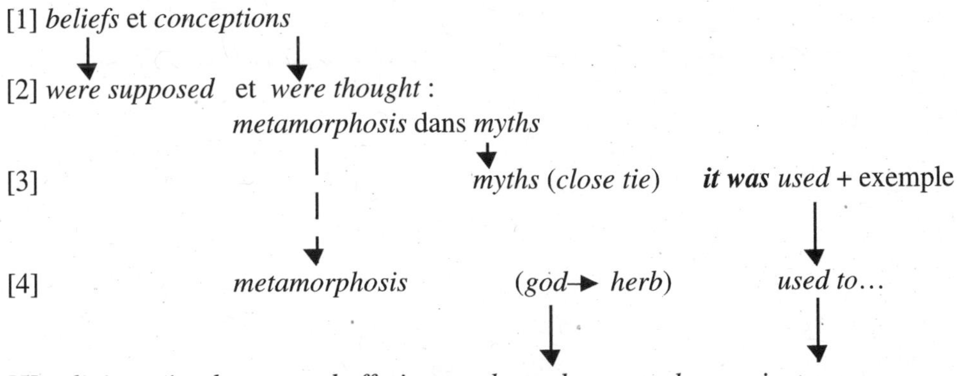

La représentation graphique de cette unité de pensée fait découvrir le type de déroulement du texte. Il est également possible de découvrir le déroulement d'un paragraphe, s'il est le moindrement long.

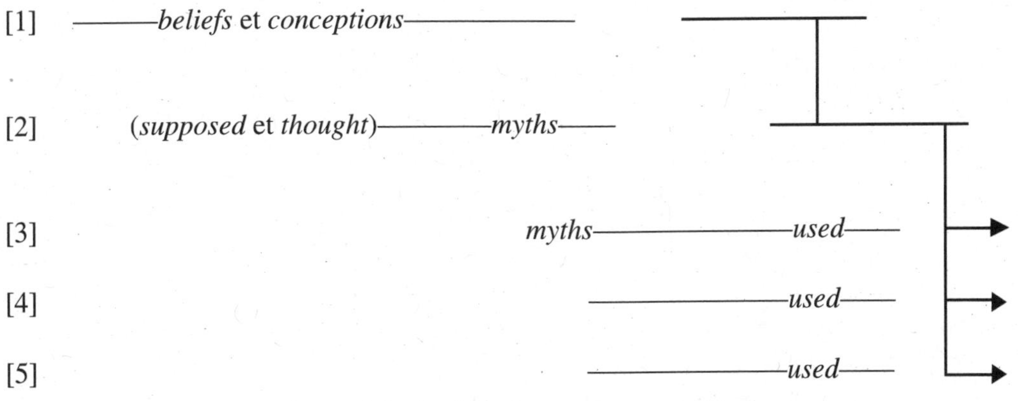

Figure 8.1 – Le déroulement du texte à l'étude

On constate donc ici un déroulement :

- en escalier (1-2 et 2-3);
- en râteau (3, 4 et 5).

Il reste à faire l'analyse des six derniers paragraphes (voir l'exercice 31).

8.4 L'analyse : obligatoire ou non?

L'analyse que nous venons de faire vous a certainement permis de mieux apprécier le texte proposé. Mais vos protestations se font déjà entendre : « Je ne peux quand même pas faire cela pour chaque texte que je devrai traduire. »

N'allez pas croire qu'il faille passer par le détail de toutes ces étapes pour pouvoir traduire un texte. De fait, le plus souvent, vous faites tout ce que l'on vient de faire, mais **de façon inconsciente**. Quand un professeur donne, en classe, des explications que vous connaissez déjà, vous ne vous sentez pas obligé de les étudier. Il en est de même de l'analyse. Si, inconsciemment, vous la faites, vous n'avez besoin de rien expliciter.

Nous avons disséqué le processus sous-jacent à la compréhension pour que vous sachiez comment procéder si vous ne comprenez pas très bien un paragraphe ou, pire, tout un texte.

Dites-vous qu'il faut en venir à appréhender un texte après un nombre minimal de lectures. Au départ, il faudra peut-être plusieurs lectures pour y arriver, mais, avec le temps et la pratique, vous sentirez le texte dès la première lecture. Il importe donc de savoir lire.

La maîtrise de l'analyse devrait transpirer dans votre traduction. Si jamais le travail remis n'est pas à la hauteur de ce que le donneur d'ouvrage, ou le professeur, attend de vous, vous devrez vous demander à quelle étape du processus vous avez failli. Si vous désirez devenir meilleur traducteur, vous devrez travailler pour pallier ces carences.

N'oubliez jamais la pensée présentée en exergue : **« Le talent nous place certes sur le chemin du succès; mais seul le travail nous y conduit. »**

EXERCICE 31

ANALYSE DU TEXTE

Directives : Poursuivez le travail entrepris jusqu'ici. À la fin de l'exercice, vous devrez pouvoir tracer le schéma de déroulement de **tout** le texte et le représenter graphiquement.

HERBS IN LITERATURE AND LEGEND

[...]

[6] The Bible has several references to herbs and their *uses*. One of these suggests that herbs were used as payment to taxes and tithes.

> Woe unto you, scribes and Pharisees, hypocrites! For ye pay tithe of mint and anise and cumin and have omitted the weightier matters of the law, judgment, mercy, and faith; these ye ought to have done and not to leave the other undone.

[7] Some herbs such as rosemary and angelica were considered holy because a Saint or Apostle was said to have blessed them, performed a miracle with them, or used them in some other special way.

[8] There are also references to myrrh, calamus, and other fragrant herbs being burned as incense and added to sacred oils for anointing priests. Pungent herbs such as hyssop were used to cleanse the body and soul, purifying them of disease and sin. Hyssop was also used to protect the houses of good men from plagues, which were thought to be sent as a punishment for wickedness. A number of the bitter herbs were eaten during Passover.

[9] The first formal plant studies were made by ancient Greek and Roman scholars. Since most plants were first valued because they could be used to fulfill a need, these studies focused mainly upon the uses of plants rather than on their botanical differences.

[10] Theophrastus of Eresus (370 B.C.), a Grecian scholar who studied under both Plato and Aristotle, was perhaps the greatest and most influential of the early writers about plants. His *Historia Plantarum* is the earliest botanical work known and was the greatest single influence on the study of plants for the next 1,800 years. The book describes a great number of plants, tells where they grew, and what they look like and were used for. He also classified plants into four groups: trees, shrubs, half-shrubs, and herbs—a system that often still is used today. His studies investigate seed germination, perfumes, and medical usage. These

firsthand observations have been so highly regarded as fundamental for modern plant study that Theophrastus is considered the "Father of Modern Botany."

[11] Other great writers during these periods are Claudius Galen (130-200 A.D.), and Gaius Plinius Secundus, born in 23 A.D., who held the distinction of having acquired the total sum of knowledge of his time. In his *Natural History*, Pliny described individual plants, their most pertinent distinctions and uses, the diseases of plants, and other information about their growth and habits that he had accumulated from his reading and observations.

Source : *How to Grow Herbs*, Menlo Park, California, Editors of Sunset Books and Sunset Magazine Lane Books, 1975.

Quatrième partie

CE QUE VOUS DEVEZ FAIRE POUR BIEN TRADUIRE

Est-il essentiel pour traduire de suivre une méthode? Cette question appelle une double réponse. Il y en a qui ont beaucoup de talent, d'autres qui en ont moins. Mais, comme nous l'avons indiqué en exergue : « Le talent nous place certes sur le chemin du succès; mais seul le travail nous y conduit. » Même pour ceux qui ont du talent, connaître une méthode ne peut nuire. Pour ceux qui en ont moins, cela s'avère salutaire.

9 MÉTHODE DE TRAVAIL

Décrire une méthode, c'est détailler les étapes qu'il faut franchir pour arriver au but fixé. À ce titre, pouvons-nous dire que la description qui a été faite jusqu'à présent de l'activité traduisante est fonctionnelle? Oui et non. Tout dépend du point de vue. En partant du mot pour aller au texte, tout en passant par la phrase et le paragraphe, nous avons procédé en allant du plus simple au plus complexe; c'est l'**approche pédagogique**. Dans les faits, quand vous traduirez, vous ne pourrez procéder dans le même ordre, car un mot n'acquiert son sens qu'en fonction de son contexte d'utilisation. Vous devrez donc partir du texte pour vous rendre au mot; c'est l'**approche pragmatique**. Ce que vous aurez à traduire, ce ne sont pas des mots; c'est le message véhiculé par les mots.

Toute l'activité du traducteur est, nous l'avons dit, centrée sur deux grandes compétences : savoir lire et savoir rédiger; comprendre le message et le faire comprendre, la première précédant obligatoirement la seconde. Autrement dit, si vous ne comprenez pas le texte à traduire, vous abstenir sera assurément la meilleure chose que vous puissiez faire. Par ailleurs, si vous devez absolument traduire un texte, tâchez de le comprendre.

9.1 Premier stade : comprendre

Au départ, il est fortement recommandé de ne rien écrire, de ne rien taper. Contentez-vous de lire. Plusieurs fois, s'il le faut[1]. Un ordinateur ou un crayon n'ont jamais servi à la compréhension.

1. « Il ne faut jamais commencer à traduire une version avant d'avoir lu (et relu) le texte tout entier; [...] il faut autant que possible replacer un texte de version dans le cadre du livre d'où il a été tiré. » (J.-P. VINAY et J. DARBELNET, *Stylistique comparée du français et de l'anglais*, Montréal, Beauchemin, 1958, p. 162.)

N'allez surtout pas croire que le temps consacré à ces lectures est du temps perdu. Bien au contraire. Dans la plupart des cas, la qualité de la traduction est fonction du temps qu'on aura bien voulu y consacrer. C'est pourquoi nous avons, au début du manuel, abordé le problème de la compréhension en lecture.

Quand vous serez sur le marché du travail et que les textes à traduire seront très longs, il ne sera plus question pour vous de les lire et de les relire. Vous devrez arriver à en saisir le sens et la structure dès la première lecture. Vous devrez donc savoir lire. En début de formation, viser un tel objectif serait illusoire. Avec la pratique, vous y parviendrez. Une fois le texte bien compris, le dire en français devient tout à coup relativement simple.

Reportez-vous au texte présenté au chapitre 8 pour appliquer la méthode que nous allons détailler.

Première étape : saisir la macrostructure du texte et de son environnement

- Qui est l'auteur du texte?
- De quelle nationalité est-il?
- En quelle année le texte a-t-il été publié?
- D'où (revue, journal, magazine, etc.) provient le texte?
- De quel genre de texte s'agit-il?
- À qui est-il destiné?
- Est-ce un texte complet ou un simple extrait?
- Si c'est un extrait, où se situe-t-il dans le texte complet?

Deuxième étape : rechercher les éléments (linguistiques et non linguistiques) porteurs de sens

Éléments non linguistiques

Le texte renferme-t-il des particularités dans sa présentation matérielle? Y a-t-il :

- des sous-titres,
- des tableaux,
- des artifices typographiques (gras, italique, etc.),
- des guillemets,
- des renvois à d'autres parties du livre ou du texte (pouvant aider à la compréhension)?

Éléments linguistiques

- Y a-t-il des mots dont vous ignorez le sens? Si oui, les surligner. Il serait vain de chercher leur équivalent si vous n'en comprenez pas le contexte d'utilisation.
- À quoi renvoient les anaphoriques rencontrés dans le texte?
- Y a-t-il des indicateurs **inter**phrastiques? Si oui, les surligner.
- Y a-t-il des indicateurs **intra**phrastiques?
- Si oui, peuvent-ils être problématiques? Par exemple, les *and* qui coordonnent deux propositions marquent-ils l'addition? Y a-t-il des conjonctions de subordination à problèmes comme *when, as*, etc.?
- Y a-t-il d'autres mots ou groupes de mots, comme *other, including*, etc., ou encore des précisions fournies entre parenthèses pouvant vous aider à mieux cerner le sens?
- Pouvez-vous assigner un rôle à chaque mot de la phrase?

Après cette étape, vous devriez mieux cerner le message, mais la compréhension du texte risque encore de ne pas être totale. Il faut donc pousser plus loin l'analyse.

- Avez-vous suffisamment cerné le sujet pour pouvoir chercher dans le dictionnaire anglais le sens des mots inconnus?
- Est-ce qu'une recherche documentaire serait utile? (Cette recherche se fait à l'intérieur du texte [intratextuelle] comme à l'extérieur [extratextuelle]). Sinon, poursuivez l'analyse du texte.

Troisième étape : dégager la structure fine du texte

Paragraphe

- Y a-t-il une « phrase-clé » dans chaque paragraphe? S'il n'y en a pas, en formuler une.
- Y a-t-il unité dans chaque paragraphe?
- Comment se fait l'enchaînement des phrases dans chaque paragraphe? Par juxtaposition, par rappel, par articulation?
- Quel est le schéma de déroulement de l'idée? En escalier, en fourchette, en râteau?

Texte (regroupement des paragraphes)

- Comment se fait l'enchaînement des paragraphes?
- Quel est le schéma de déroulement de l'idée maîtresse dans les divers paragraphes?

- L'auteur utilise-t-il des formulations qui appartiennent au même champ sémantique[2] et qui, de ce fait, contribuent à l'unité du texte?

Vous devriez à ce stade-ci avoir une parfaite compréhension du texte, au point de pouvoir le résumer. Votre compréhension devrait être telle que vous devriez pouvoir décider s'il vous faudra procéder à une adaptation culturelle.

9.2 Deuxième stade : faire comprendre

Après avoir franchi ces trois étapes, vous n'avez toujours rien écrit. Cela ne signifie pas pour autant que vous n'avez pas commencé à traduire le texte mentalement. L'idée du texte, vous l'avez dégagée, vous l'avez tournée dans votre tête plusieurs fois. Votre traduction devrait alors se faire facilement; et généralement votre formulation devrait être plus idiomatique que si vous vous étiez jeté sur votre dictionnaire et votre crayon (ou sur votre ordinateur). La raison en est simple : au cours de ces lectures, vous aurez cherché à dire, mentalement, les choses dans votre propre langue, et à les dire joliment pour que les phrases s'enchaînent bien, pour que votre texte soit coulant. Votre façon de dire s'éloignera inévitablement de celle du texte anglais; votre formulation sera plus idiomatique[3] : vous vous serez libéré du carcan que représente la phrase anglaise. Cela ne signifie pas pour autant que cette version sera finale. Elle pourra nécessiter des modifications qui seront néanmoins beaucoup moins importantes que si vous aviez commencé à écrire dès la réception du texte, comme ont tendance à le faire tous les apprentis traducteurs.

Traduction du titre

Étant donné que le titre d'un texte est par définition le reflet du vouloir-dire de son auteur, il faut, pour pouvoir le traduire adéquatement, bien cerner l'idée exprimée. C'est pourquoi le titre ne doit être traduit qu'en dernier lieu.

2. Dans le texte du chapitre 8, l'auteur a recours à des formulations qui respectent le thème principal des *beliefs and conceptions* : [2] *were supposed, were thought*; [3] *was believed, was said*; [4] *was usually thought*; [5] *in belief that, **would** rise* (conditionnel).

3. Il serait bon, en période de formation, que vous vous imposiez une règle de conduite : ne jamais utiliser dans la traduction un mot qui soit le miroir du mot anglais sans au préalable avoir vérifié si les acceptions coïncident dans les deux langues. Vous éviterez ainsi les faux amis.

9.3 Troisième stade : effectuer le contrôle de la qualité

Nous avons déjà vu ce qu'est une bonne traduction (voir le chapitre 4). Nous y avons détaillé les qualités que doit posséder un texte traduit. Vous avez même eu l'occasion d'évaluer des traductions faites par d'autres. Maintenant, c'est sur **votre** traduction que vous devrez porter un jugement. Vous devrez faire comme si votre travail était celui d'un autre. Cela est plus facile à dire qu'à faire, il est vrai. Mais, si vous voulez réellement produire un document de qualité, il vous faut arriver à ce degré de détachement par rapport à votre propre texte.

Première lecture : lecture comparée

Assurez-vous d'avoir tout traduit (**fidélité**). En période de formation, il serait utile, pour vous et pour le professeur, que vous indiquiez, en notes de bas de page, ce que vous aurez volontairement omis et les raisons qui vous ont poussé à le faire. Utile pour vous, car vous serez obligé de prêter une attention particulière à la totalité du message à traduire. Utile pour le professeur, car il sera ainsi mieux en mesure de vérifier si l'omission de mots est volontaire ou non[4]. Il ne faudrait pas penser que tous les mots d'un texte doivent nécessairement être traduits; si tel est le cas, la note en bas de page permettra au correcteur d'apprécier la justesse de votre décision.

Assurez-vous que le destinataire ne sera pas confronté à des réalités qui ne lui sont pas familières (**adaptation au destinataire**). Imaginez ce que signifierait « donnez-nous aujourd'hui notre pain quotidien[5] » pour un Inuit!

Assurez-vous qu'un texte neutre, par exemple, n'est pas devenu un texte humoristique au cours du transfert (**tonalité**).

Deuxième lecture : lecture non comparée

Assurez-vous que le texte respecte les divers codes d'usage (**correction de la langue**), autrement dit qu'il n'y a pas de fautes d'orthographe, de grammaire, de ponctuation et autres.

4. Il en est qui ne traduisent pas certains segments tout simplement parce qu'ils ne les comprennent pas!

5. Extrait du « Notre Père », prière chrétienne mentionnée dans Matthieu (6, 9-15) et dans Luc (11, 2-4).

Assurez-vous que le texte est coulant (**lisibilité**), que la traduction n'est pas un alignement de mots français sur une structure anglaise, que le texte semble avoir été écrit directement en français.

Troisième lecture : lecture finale

Assurez-vous de l'absence de coquilles ou de toute autre erreur qui serait passée inaperçue aux étapes précédentes (**correction de la langue**).

En période de formation, il est recommandé d'effectuer cette dernière lecture après avoir laissé le texte de côté pendant au moins une journée. Dans la pratique, la lecture finale est effectuée immédiatement après la traduction. C'est dire qu'il vous faut apprendre à relire votre texte comme si vous n'en étiez pas l'auteur.

Cinquième partie

CE QUE VOUS SEREZ APPELÉ À TRADUIRE

10 RECUEIL DE TEXTES

Vous trouverez, dans cette partie, des textes sur lesquels vous serez fort probablement appelé à travailler. Vous devrez alors fournir la preuve que vous avez acquis les habiletés décrites dans le présent manuel.

Comme vous en êtes à vos premières armes en traduction, il n'était pas question de vous proposer de textes spécialisés. Le but visé était de vous fournir des textes sur lesquels un généraliste pourrait être appelé à travailler. La variété de ces textes ne manquera certainement pas de vous étonner.

10.1 Présentation des textes

Les textes choisis sont de **longueurs** variées parce qu'il vous faut apprendre à situer dans le texte d'origine l'extrait qu'on vous propose. Cela signifie que vous devez articuler votre texte d'arrivée en fonction de ce qui précède et de ce qui suit l'extrait; vous devez aussi aller chercher dans le texte de départ toute information pouvant vous aider dans votre travail. Vous soumettre un court paragraphe **hors contexte** serait à mon sens illogique : il vous serait impossible de saisir la tonalité du texte; il vous serait impossible de traduire adéquatement le titre; il vous serait impossible de clarifier certains points développés dans le texte, etc. Dans les textes qui vous sont proposés, il arrive qu'il y ait des troncations, mais elles se trouvent en fin de texte. Aucune ne se trouve en début de texte, car vous devez saisir la problématique – au sens large du terme – pour traduire ce qui se trouve plus loin dans le texte.

Les textes choisis sont de **teneurs** variées parce qu'un généraliste est appelé à traduire des textes non spécialisés qui traitent de mille et un sujets. C'est pourquoi vous trouverez une recette de cuisine, une recension de livre, un récit historique, une lettre adressée à un journal, etc. Sans être des documents spécialisés, ces textes pourront vous obliger à faire une certaine recherche documentaire ou à connaître les facteurs de conversion des unités de mesure du système international (SI)[1] et d'autres éléments[2]. Tout dépendra de votre culture générale.

Les textes sont aussi d'**origines** variées parce que chaque type de texte fait appel à un style particulier. Le journaliste ne s'exprime pas comme le lecteur du journal ni comme le rédacteur, ni comme l'historien. Il faut donc que vous soyez sensibilisé à cette réalité.

Sont-ils également de **difficultés** variées? Autrement dit, devrez-vous traduire les textes dans une séquence particulière parce que les difficultés vont croissant? Ce serait une approche pédagogique fort louable, mais mon expérience dans l'enseignement de la traduction, générale et spécialisée, m'a amené à considérer la difficulté d'un texte comme un problème presque insoluble. En effet, la difficulté n'est pas une propriété intrinsèque du texte[3]; c'est l'inadéquation entre les connaissances du lecteur supposées par le rédacteur et les connaissances réelles du premier. Si nous décidions que le texte 1 est moins difficile que le texte 2, la notion de difficulté invoquée pour effectuer ce classement correspondrait à la nôtre et non à celle du lecteur. Et là encore il y a problème, car, les connaissances de chacun n'étant pas les mêmes, un texte peut fort bien être difficile pour l'un et ne pas l'être pour l'autre. La quadrature du cercle! Les textes proposés sont donc des textes qui ne semblent pas présenter trop de difficultés. Certains en contiendront sans doute que le professeur n'aura pas prévues, car il ne peut honnêtement connaître l'étendue des connaissances – linguistiques et générales – de chacun des étudiants inscrits à son cours.

Dans les textes choisis et présentés dans un ordre qui en vaut bien d'autres, à savoir en fonction du nombre de mots, vous trouverez à la fin de chaque paragraphe, indiqué entre crochets, le nombre de mots qu'il contient. Ce nombre, obtenu par comptage automatique à l'aide de *Microsoft Word*[4], vous permettra d'évaluer la longueur de vos traductions par rapport au texte de départ. Si vous avez une propension à la prolixité, il serait bon que vous travailliez la concision.

---

1. Voir l'annexe 11.
2. Voir l'annexe 12.
3. « *In my view, "difficulty" is not an inherent quality of texts. For somebody with a perfect knowledge of Vietnamese and a good transfer competence, translation from German into Vietnamese will not be difficult.* » (C. NORD, *Text Analysis in Translation. Theory, Methodology, and Didactic Application of a Model for Translation-Oriented Analysis*, Amsterdam, Rodopi, 1991, p. 150.)
4. Le nombre de mots varie selon le logiciel utilisé.

10.2 Liste des textes

TEXTE 1

French Regional Cooking

by Anne Willan

[1] More than 300 years ago, Racine wrote that a province of southern France could support 20 caterers, while a book-seller would starve to death. Today the ratio is probably reversed, if only because, *grâce à Dieu*, cookbooks have largely replaced caterers. More than a gastronomic manual or a compilation of recipes, a well-made cookbook blends strands of history, geography and philosophy with dollops of legend and even a dash of the unsavory. This is particularly true of regional cookbooks, which have come into their own in recent years as increasingly sophisticated home chefs look beyond the standardized, urbanized formulas that hold stolid sway over many restaurant menus. [109 mots]

[2] For intelligence, authority and charm, few cookbooks can match Anne Willan's *French Regional Cooking* (Morrow; $29.95). The English-born, Americanized cuisinière has won international fame with her writing and her La Varenne cooking school in Paris. With four colleagues the author travelled more than 6,000 miles and spent a year choosing and testing the 400 recipes in the book. Their salivant safari takes the reader from the Pyrenees to the Alps, from the sands of St. Malo to the beaches of Nice, with hardly a dull *plat* en route. [91 mots]

Total : 200 mots.

Source : *Time* (Book Review).

TEXTE 2

Taormina Bake

Bake at 350° for 1 hour
Makes 8 servings

1	medium-size eggplant, pared and sliced 1/4 inch thick
1/2	cup salad oil
4	medium-size onions, peeled and sliced
1	garlic clove, minced
1	pound ground beef
1	can (8 ounces) tomato sauce
1 1/2	teaspoons salt
1	teaspoon oregano
2	tablespoons butter or margarine
2	tablespoons flour
1/8	teaspoon nutmeg
1 1/2	cups milk
1/2	cup bread crumbs (1 slice)
2	eggs, separated

1. Brown eggplant slices, a few at a time, in salad oil in a medium-size frying pan, adding oil as needed. Drain well on paper toweling; set aside.
2. Sauté onions, and garlic just until onions are soft in same pan, adding more oil if needed; push to one side. Shape ground beef into a large patty in same pan; brown 5 minutes on each side, then break into small chunks.
3. Stir in tomato sauce, 1 teaspoon of the salt, and oregano; cover.
4. Simmer 30 minutes; remove from heat; let cool while making sauce-topping.
5. Melt butter or margarine in a small saucepan. Stir in flour, remaining 1/2 teaspoon salt, and nutmeg; cook, stirring constantly, just until bubbly. Stir in milk; continue cooking and stirring until sauce thickens and boils 1 minute.
6. Stir bread crumbs and unbeaten egg whites into *cooled* meat mixture. Beat egg yolks slightly in a small bowl; stir in a generous 1/2 cup of the hot sauce; stir back into remaining sauce in pan. Cook, stirring constantly over medium heat 3 minutes, or until thick.

7. Make 2 layers each of eggplant slices and meat mixture in a greased 8-cup baking dish; pour sauce over.
8. Bake in moderate oven (350°) 1 hour, or until topping is a rich golden-brown.

Total : 290 mots.

Source : « Great Ground Beef Recipes », *The Family Circle*, New York.

TEXTE 3

Santa Evita

by Tomas Eloy Martinez

[1] In her lifetime, former Argentine First Lady Eva Duarte de Peron was deified by many as the defender of the poor. The cult of "Evita" has hardly dimmed since she died of cancer in 1952. It will only be fueled by *Santa Evita*, Argentina's No. 1 best seller since its release seven weeks ago. The book paints in glowing colors the postmortem adventures of her body and the curse that seemingly accompanied it. The events that took place were so incredible, says author Tomas Eloy Martinez, that he was compelled to write his fact-based book in novel form. [99 mots]

[2] Fearing that the Peronists could use Evita's embalmed body as a symbol to foment a popular uprising, the military leaders who ousted her husband Juan Domingo Peron ordered it secretly transported to Europe in 1955. After stops in attics and behind a movie screen, Evita's remains ended up in an unmarked grave in Italy. A new Argentine government returned the body in 1971 and finally laid it to rest in a posh Buenos Aires cemetery in 1976. But, at least in this novel, those who crossed the corpse's path found no such peace. The two soldiers who accompanied the body to its reburial in Argentina accidentally impaled themselves with their bayonets when the hearse driver had a heart attack and lost control of the vehicle. Eloy Martinez, a former journalist, reveals that he too had his share of bad luck. While he was writing *Santa Evita*, his family was inexplicably unable to reach him to tell him of his mother's death and funeral—though he was at his home all along. And so the macabre legend lives on. [178 mots]

Total : 277 mots.

Source : *Time* (Book Review : « Life After Death »).

TEXTE 4

A Pink-Collar Worker's Blues

[1] We think we have freed our slaves, but we have not. We just call them by a different name. Every time people reach a certain status in life they seem to take pride in the fact that they now have a secretary. [42 mots]

[2] It is a fact that it has to be written very carefully into a job description just what a secretary's duties are, or she will be told to clean off the desk, pick up cleaning and the like. Women in these jobs are often seen as surrogate wives, mothers and servants—even to other women. [55 mots]

[3] Many times, when a secretary makes creative contributions she is not given her due. The work is changed slightly by the person in charge, who takes the credit. Most secretaries live in an area between being too assertive and being too passive. Often a secretary feels she has to think twice before stepping in and correcting the grammar, even when she knows her "superior" can't frame a good sentence. [69 mots]

[4] I am free now, but so many others are trapped in their carpeted, respectable prisons. The new-woman myth notwithstanding, the true tale of the woman on her own most often ends that way. [35 mots]

[5] As I see it, the slave mentality is alive and well. It manicures its nails. It walks in little pumps on tiny cat feet. It's there every time a secretary says, "Yes, I'll do that. I don't mind" or finds ashtrays for the people who come to talk to someone else. The secretary has often forgotten her own dream. She is too busy helping others to realize theirs. [68 mots]

Total : 269 mots.

Source : *Newsweek.*

TEXTE 5

The Lion Who Wanted to Zoom

[1] There was once a lion who coveted an eagle's wings. So he sent a message to the eagle asking him to call, and when the eagle came to the lion's den the lion said, "I will trade you my mane for your wings." "Keep talking, brother," said the eagle. "Without my wings I could no longer fly." "So what?" said the lion. "I can't fly now, but that doesn't keep me from being king of beasts. I became king of beasts on account of my magnificent mane." "All right," said the eagle, "but give me your mane first." "Just approach a little nearer," said the lion, "so that I can hand it to you." The eagle came closer and the lion clapped a huge paw on him, pinning him to the ground. "Come across with those wings!" he snarled. [139 mots]

[2] So the lion took the eagle's wings but kept his own mane. The eagle was very despondent for a while and then he had an idea. "I bet you can't fly off the top of that great rock yonder," said the eagle. "Who, me?" said the lion, and he walked to the top of the rock and took off. His weight was too great for the eagle's wings to support, and besides he did not know how to fly, never having tried it before. So he crashed at the foot of the rock and burst into flames. The eagle hastily climbed down to him and regained his wings and took off the lion's mane, which he put about his own neck and shoulders. Flying back to the rocky nest where he lived with his mate, he decided to have some fun with her. So, covered with the lion's mane, he poked his head into the nest and in a deep, awful voice said "Harrrooo!" His mate, who was very nervous anyway, grabbed a pistol from a bureau drawer and shot him dead, thinking he was a lion. [187 mots]

[3] Moral: Never allow a nervous female to have access to a pistol, no matter what you're wearing. [17 mots]

Total : 343 mots.

Source : J. THURBER, « The Lion Who Wanted to Zoom », *Fables for Our Time*, New York, Harper & Row, 1968.

TEXTE 6

Backtracking

[1] What's the most pleasant part of a hunting trip? It's certainly not pulling the trigger on a deer or elk. That only takes a second, although it may have taken a week or more to reach that moment. [37 mots]

[2] There is a great deal of satisfaction in shooting a double on incoming Canada geese or ring-necked pheasants straining for distance. But there again it only takes a second or so. Besides, if I get a double, my immediate emotional reaction is not pleasant feeling but one of surprise and disbelief. My next response is to make sure my companion saw the miracle. [64 mots]

[3] Then there is the charade of acting modest about my achievement. It is a false modesty deliberately dramatized to imply that I am so used to making doubles that another one is of no consequence. There is small pleasure in it, simply a gesture to groom my ego. [48 mots]

[4] To me, the most pleasant part of a hunting trip is a motel room. I hasten to add that I do not always stay in motels. I have had my share of raunchy shacks, pup tents, and bare ground. Campfire are as soothing as old brandy. Everyone should have the experience of arriving back at camp after dark and trying to start a fire with wet leaves and twigs. [69 mots]

[5] My memory bank is filled with vivid pictures of camps, and I would not trade a single one. But motels have hot running water! [24 mots]

[6] Some of my most pleasant memories are of Homer, now passed away. He and I used to pursue coveys of California quail in the San Joaquin Valley, which in a really wet year gets ten inches of rain. After a day of hunting, you weighed several pounds more from the deposits of black dust, and that's after losing a few pints of blood from punctures by mesquite needles. [68 mots]

[7] Homer never considered staying any place except a motel, and I was not foolish enough to change his custom. Our main decision was whether to eat dinner before we went to the motel or go to the motel first, clean up, and then go to our favorite Basque restaurant in Bakersfield.

But no matter which we did first, the most pleasant part was to finally be propped up in bed, clean and stuffed, with the knowledge that we did not have to move for the next ten hours. [89 mots]

Total : 399 mots.

Source : S. COLE, « Petersen's Hunting », dans J.-P. Bénard et P.A. Horguelin, *Pratique de la traduction. Version générale*, 2e édition, Montréal, Linguatech, 1979, p. 118.

TEXTE 7

What Is an Herb?

[1] There are three generally accepted definitions of an herb. Botanically, herbs are non-woody annual, biennial, and perennial plants that die back each year after blossoming. Another definition describes them as any of the herbaceous plants valued for their flavor, fragrance, or medicinal properties. The third is actually not a definition but a distinction between the culinary herbs and spices. [60 mots]

[2] The botanical definition includes many plants that we ordinarily think of as weeds (and even eliminate from the garden when they appear) and therefore never cultivate as we do marjoram or sage. Many vegetables and ornamental garden plants also fit this description, but they are not usually thought of as herbs. Excluded by the definition are a number of shrubby and woody plants such as laurel and rosemary, which for centuries have been two of the most distinguished herbs. [79 mots]

[3] More flexible is the second definition which singles out herbs as being useful as flavoring, scents, or medicine. But, because our uses of various plants change as our needs do, a list of plants that could be considered useful will differ from culture to culture and from century to century. Also, this definition does not distinguish fragrant flowers such as gardenias from the fragrant herbs such as lavender and germander. [70 mots]

[4] In cooking, a distinction is made between spices and herbs. Spices usually are considered to be derived from the roots, bark, fruit, or berries of perennial plants such as cinnamon, ginger, nutmeg, and pepper; herbs are the leaves only of low growing shrubs and herbaceous plants such as basil, rosemary, and thyme. There are several plants, however—such as some of the roses—which are included in herb listings even though their fruit (rose hips) is used. [77 mots]

[5] Because of these complications in defining herbs, it is perhaps easier to understand their nature through the ways they have been used and thought of in the past. [28 mots]

Total : 314 mots.

Source : R. OSBORNE, *How to Grow Herbs.*

TEXTE 8

To Translate or Not to Translate…

[1] At first, I took as "normal" that the *Nightshift* should be 50% in English and 50% in French. Bell Canada, of course, is bilingual, as are many institutions both public and private. [32 mots]

[2] But why should McGill's Continuing Education student newspaper also be half and half? McGill's language of instruction is clearly English—even though exams and papers may be submitted in French. [30 mots]

[3] Of the roughly 16,000 Continuing Education students only about 20% are francophones. Nevertheless, all Continuing Education students—except, perhaps, those taking intensive English—must necessarily be functionally able to read English. And certainly the 80% or so anglophone and allophone readers probably never look at the French pages at all. [51 mots]

[4] I come to the obvious conclusion that the reason the *Nightshift* is 50-50 is because its editors are semi-consciously making a political statement paralleling Alliance Québec's—and our own Gretta Chambers'—weak request to the powers-that-be in Québec City that, please, can our government modify slightly bill 101. [52 mots]

[5] The 50-50 format has no intellectual or pragmatic basis in the *Nightshift*. It merely bows politely to the idea that if we are "nice" to Québec City, a few crumbs may come our way. [35 mots]

[6] To use the over-worn Québec code word of "humiliation," we are voluntarily humiliating ourselves by the 50-50 format. This is not what bilingualism is meant to be. [29 mots]

[7] If the *Nightshift* were to take courage and print its articles and letters in the language in which they were submitted, we could be proud to testify to the ideal of bilingualism. Indeed, our readers would have some slight further incentive to be bilingual. [44 mots]

[8] For myself I would take it one step further and print an occasional article in Spanish. If NAFTA comes about, a trilingual minimum will be essential for Canada's competitive challenge. [30 mots]

[9] And one last word, small countries in Europe take multiculturalism for granted. Given that Québec—also small—has a head start in the language derby, we could build on this head start to become the linguistic model for all of North and South America (almost like Florida with its snowbirds!). [50 mots]

[10] Does McGill wish to lead, or must it forever forget that leadership extends to all areas, not just those politically and economically identified as core centres of excellence. [28 mots]

[11] Vive McGill! Viva McGill! [4 mots]

[12] **P.S.** If we eliminate translation, we could cut the paper in half—with the same content—and aim to print monthly instead of the present bi-monthly schedule. [29 mots]

[13] The opinions expressed in this column are those of the writer, and do not reflect the view of the editorial board of the *Nightshift*. [24 mots]

Total : 438 mots.

Source : G. BUTCHER, *Nightshift* (opinion dans le journal étudiant de l'Université McGill), avril-mai.

TEXTE 9

Monkey Business

Rebuffed in the courts, antievolutionists are seeking a new niche in the schools, one classroom at a time

[1] Friendly, Nevada, is an unfriendly town in which to teach evolution. So reports a teacher who says he faces disciplinary action because his lessons mention Darwin. [26 mots]

[2] Paradise, California, may be a paradise for conservative Christians who want their children's science education to include an account of the origin of life based on the book of Genesis. At a new charter school (a locally managed school with relaxed curricular requirements) a sympathetic board of directors has announced that it plans to let the creationist parents have their way. Similar schools in Orange, California, and Berlin, Michigan, may soon follow suit. [73 mots]

[3] Moon, Pennsylvania, was the site of some out-of-this-world science teaching in March 1994. Parents sued the district after a school-district administrator spent a day telling students that the dinosaurs died out in Noah's Flood; that the diversity of human languages was divine punishment inflicted on the builders of the Tower of Babel; and that creation "science" has shown that the earth is only a few thousand years old, on the basis of the fall of, yes, moon dust. The district settled the lawsuit, promising not to advocate creationism in science classes again. [96 mots]

[4] One hundred fourteen years after the death of Darwin, seventy-one years after the Scopes trial and nine years after the Supreme Court struck down laws requiring equal time for creation and evolution, the struggle over evolution in the schools is alive and well. As executive director of the National Center for Science Education, I deal with it daily, keeping an eye out for newly kindled brushfires of controversy and giving information and advice to people who want to ensure that unscientific "science" stays out of the public schools. Some days it seems the telephone rings almost nonstop with reports and complaints from around the country: a state committee poised to slap antievolutionary warning labels on biology textbooks; a school board abuzz with a new "scientific" theory called intelligent design; teachers bracing for the inevitable barrage of leaflets when the Institute for Creation Research sends one of its popular "Back to Genesis" roadshows to town. [155 mots]

[5] The legal setbacks of the 1980s left their mark on the antievolution movement. Now, instead of lobbying for state laws to put creation “science” in the classroom, advocates have returned to the grass roots. By putting pressure on local school boards and teachers, they try to make evolution too hot to handle, or at least to sweep it into the educational background. The low-profile approach has paid off in a series of local victories—small, piecemeal and sometimes short-term, but still troubling to anyone who cares about science education in America. And there are signs that the movement is again starting to flex its muscles at the state level as well. [113 mots]

[…]

Total : 463 mots.

Source : E.C. SCOTT, *The Sciences*, janvier-février.

TEXTE 10

German Grammar for Science Students

PREFACE

[1] The purpose of a German science grammar is to provide tools for the handling of the scientific German sentence, a bugbear to many a student of German. This book introduces scientific German to the student. It is for beginning students in any technological institution or for any student in an arts college who is preparing for a scientific career. [59 mots]

[2] Our age is definitely an age of science and specialization, in which men of science add more words to our vocabulary than do men of letters. The great activity of German scholars in the entire field of science and the richness of their scientific literature make it imperative that all who wish to keep abreast of advancing knowledge be able to read technical German with ease. It is easier for a student to enter into the spirit of scientific German when he learns the fundamentals of German grammar through scientific vocabulary. [91 mots]

[3] Teaching literary and conversational German to beginning students who are primarily interested in acquiring ability to read scientific texts has its general and cultural value, to be sure. It cannot, however, advance such students as far or as rapidly toward their goal, viz. the ability to read science articles and books in the original German, as can a course primarily fashioned for that purpose. Time otherwise devoted to memorizing the vocabulary of fiction, to learning proverbs and poems, to taking dictation, or to developing conversational ability, can be applied in such a course directly to acquiring a scientific vocabulary and to stressing those phases of the grammar which will be of most help in reading technical and scientific German. [119 mots]

[4] Behind this book lie years of experience teaching scientific German to undergraduates and preparing graduate students for the reading examinations in German for the doctorate in various fields. Out of this experience there has developed a constructive analytical method of approach as well as a knowledge of pitfalls to avoid. The material presented in this grammar and its method of presentation are based on this experience. [66 mots]

The grammar

[5] The Reading Selections have been taken from various fields, affording the student a preview of what reading in the field of his choice will be like. They have been adapted to illustrate and stress the grammatical principles involved in the corresponding grammar lessons. Each selection is followed by a list of questions based on the text, the answering of which will aid in the acquisition of a scientific vocabulary. To several lessons, passages for sight translation have been added. These and the reading selections offer abundant repetition and frequent use of a scientific vocabulary. [94 mots]

[6] The Vocabulary has been chosen for its usefulness to the student in the translation of the scientific sentence. The vocabularies of many current scientific readers have been examined and the vocabulary of this book so selected as to include the words most frequently found here. The nouns have been grouped according to gender, followed by the verbs and the remaining parts of speech. Every effort has been made to include again in the general vocabularies at the back of the book each word used in the lessons. [87 mots]

[7] The vocabularies used in the Reading Selections may be learned passively, since the important words are repeated frequently in the vocabularies of subsequent grammar lessons, insuring their retention as active vocabulary. [31 mots]
[…]

Total : 549 mots.

Source : N. VAN DE LUYSTER et P.H. CURTS, *German Grammar for Science Students. A Beginning Course*, Boston, Heath and Company, 1955.

TEXTE 11

Olestra Fake Fat Fakes Out FDA

[1] Can an artificial molecule created in a laboratory be safe for human consumption? Can the promotional efforts of a company that has invested $25 million in such a food artifact be trusted? America's Food and Drug Administration (FDA) says "yes" to both questions. Canada's Health Protection Branch (HPB) may soon respond in the same way. [55 mots]

[2] Olé! Introducing olestra, a fat with no calories. Now a person can eat all the fatty foods they like without gaining weight—no dieting, no discipline, no hunger. If it works, olestra will make fortunes for Procter & Gamble. But what will it do to the health of those who consume it? No one knows for sure. Some scientists believe that olestra is dangerous. Early warnings suggest that it may cause abdominal cramps, diarrhea and other gastrointestinal disturbances. [77 mots]

[3] Olestra is an artificial chemical made of sugar and vegetable oil. It looks and tastes like regular fat, but its molecules are too large and tightly packed to be absorbed through the intestinal wall. It enters the toilet bowl in the same chemical state that it was prior to eating. Unfortunately, on its way through the gut, olestra also picks up fat-soluble vitamins (i.e., A, D, E and K) and flushes them out. Olestra may also remove important minerals from the body before they have had a chance to be absorbed. (Fats and minerals have an affinity for one another, due to opposing electromagnetic charges.) [107 mots]

[4] Olestra, therefore is not just a non-nutrient. It is an *anti-nutrient*. Not only does it not contribute anything to the body, it takes away vital nutrients that were already there. In those whose nutritional status is marginal to begin with, consuming olestra could mean the difference between health and disease. [52 mots]

[5] The typical Western diet is far too high in fats, to be sure. The solution to this problem is not, however, to banish fats completely. Many would have us believe that the only good fat is a non-fat. Not so. High quality fats are critical to our survival and have many important functions. They are precursors to prostaglandins, substances that regulate gastric secretions,

pancreatic functions and the release of pituitary hormones. They help to form the membranes that surround every cell in our bodies. If we do not get enough of the right quality fats, cellular membranes become leaky—increasing our susceptibility to viruses, bacteria and parasites—and to mutagenic damage from free radicals. Thus, substituting fake fats for healthy fats may increase one's risk of developing cancer. [129 mots]

[6] Fake fats are an unlikely solution for those who want to lose weight. Overweight is a response to many possible factors—including lack of exercise, nutritional deficiencies, inadequate metabolism, poor digestion, hidden food allergies, heredity, prior conditioning, and one's level of self-esteem. There are no "quickie" solutions to weight loss. A permanent result requires a permanent change in all of one's contributing patterns. Let's face it: humans are creatures of habit. Fake fats like olestra encourage people to continue to eat foods that taste fatty, perhaps even stimulating their appetite for fats in general. [95 mots]

[7] The whole idea of fat eaten equals fat gained is misleading. One of the quickest ways to gain weight is to substitute simple carbohydrates for fats. Sugars enter the bloodstream very soon after eating. Excess levels of them in the bloodstream are converted to triglycerides, those fats that accumulate in unsightly places. Digestible fats, on the other hand, are metabolized very slowly and create more of a feeling of fullness, thus reducing one's tendency to overeat. [76 mots]

[8] With olestra I see only financial benefits to Procter & Gamble without any health benefits to consumers. There are, however, health risks associated with its use. I doubt that any scientist tinkering away in a laboratory will ever be able to match the safety and effectiveness of those foods designed by nature. [51 mots]

Total : 642 mots.

Source : D. ROWLAND, « Olestra. Fake Fat Fakes Out FDA », *Health Naturally*, avril-mai.

TEXTE 12

What Is the Bermuda Triangle?

[1] What is the Bermuda Triangle? [5 mots]

[2] This is a question one hears more and more. It pops up on television specials, radio talk shows and in magazines, newspapers and books. In fact, today it seems to be surfacing everywhere. [32 mots]

[3] What is it? [3 mots]

[4] Simply put: the Bermuda Triangle is a mystery zone where thousands of men and hundreds of ships and planes have been disappearing for years without a trace and utterly without explanation. [31 mots]

[5] No one can say for sure just where the catchy name came from, but it is believed to hark back to a newspaper report in the 1940's which described the flight pattern of a group of lost planes in that area as "triangular." [43 mots]

[6] In any case, though the term "Bermuda Triangle" may be of fairly recent vintage, its mystery is not. It has been a zone of disaster that has plagued man since the earliest days of seafaring in the New World. Then, as now, lovely lime-toned waters lapped the shores of the Bermuda Islands, the southern coast of North America and on down to Cuba, Haiti and Puerto Rico, all with seeming innocence, but… [73 mots]

[7] Is there something unknown lurking in that region? [8 mots]

[8] Centuries ago, man said that there was. Some of the New World's oldest navigational records refer to the islands of Bermuda as the "Isles of the Devils." [27 mots]

[9] Columbus was the first known voyager to the area and he experienced several weird incidents. He and his men saw "a remarkable ball of fire" fall into the sea on one occasion while sailing through these strange waters. He also reported that his men were terrified by a baffling disturbance of the ship's compass in that region. So an air of mystery was given this Bermuda Zone by its first known navigator. [72 mots]

[10] There are over 300 coral islands in this part of the Atlantic. Only a handful of them—some 20—are inhabited even to this day. Around 400 years ago, no one wanted to go near them much less live on one, for the "Devil's Islands" formed the core of a whole body of superstitions that created such a fear of that area, it was avoided by seafarers more than any other place on earth. Fearful and mysterious demons of the dark lurked there in the waters' depths. [87 mots]

[11] Now, nearly five centuries after Columbus, the question is being raised again: *is* there something unknown existent in that region? If not demons or devils, some strange and inexplicable force? [30 mots]

[12] Man is beginning to think that there is. He is wondering if within that guileless green bordered by Bermuda, the southern coast of the United States and the West Indies (and *over* it and *under* it), there might not lie hidden some power that annihilates all that comes inside its boundaries at certain times and under certain circumstances. [58 mots]

[13] A lot of investigators all over the world, both scientific and unscientific, are pondering the problem. [16 mots]

[14] England was deliberating it some 300 years ago. As early as the late 1600's, Lloyd's of London, the great insurance company, already established as the nerve-center of British shipping, made noises about it. Losses in that mid-Atlantic area were tremendous, far exceeding those in other parts of the globe. [51 mots]

[15] In an age of piracy and open privateering amongst navies of many nations, all greeding to get the other man's gold, this was not too surprising. The Bermuda and West Indies waters lay in the line of the Spanish armada route that toted back annual shiploads of gold, silver, spices, slaves and other precious commodities from Mexico and South America to Spain. So it was natural that losses due to pirating attacks as well as autumn storms were the order of the day. From such obvious causes over 300 known treasure ships still lie buried in the seas off Bermuda awaiting unearthing. [102 mots]

[16] But was there something more than pirates and storms to deal with in that watery region? [16 mots]
[…]

Total : 654 mots.

Source : T.J. ADI-KENT, *The Bermuda Triangle*, New York, Warner Paperback Library, 1975, p. 19-21.

TEXTE 13

One of the most spectacular
archaeological digs of recent years
has explored the craggy stronghold
beside the Dead Sea,
where Zealots killed themselves
rather than surrender to Rome. [28 mots]

Masada

INTRODUCTION

[1] One of antiquity's most terrible wars erupted in the year A.D. 66, when the Jews, goaded past endurance by decades of misrule and inspired by hopes for the coming of the Messiah, rebelled against Rome. Despite overwhelming odds and immense loss of life, they continued fighting for seven years. The rebellion had been seething for almost a century. Roman taxation was harsh and the imperial procurators continually offended the religious sensibilities of the Jews. Time after time, in the years before the war, riots broke out when the Romans marched into the holy city of Jerusalem bearing their eagle standards—graven images that were worshipped by the legionaries. [109 mots]

[2] The Jews had almost no chance to win, and to their contemporaries the rebellion seemed an act of madness. The rebels imagined that they could block Roman shipping in the Mediterranean, but that hope proved illusory. They thought that the Jews scattered throughout the Roman Empire would rise in rebellion to aid them; there were indeed riots between Jews and Gentiles in Alexandria and Damascus, but they were quickly subdued. They hoped that the Parthians, the only power strong enough to rival Rome, might invade Palestine to aid them; but the Parthians failed to move. Finally, the Jews expected God to intercede on their behalf, to send his Messiah to overthrow the Roman Empire and set up his own kingdom in its place. That hope proved to be illusory as well. [131 mots]

[3] For hundreds of years the dream of the advent of a Messiah had entranced Jewish minds. Only a part of the nation believed that his coming and the end of the world were imminent, but they carried the rest of the people along with them—although occasionally a calmer voice, such

as that of the Jewish general Josephus, who later wrote a history of the great rebellion, called down scorn on the fanatics. Some of the Jews awaiting the end of the world—like the Essenes, the people of the Dead Sea Scrolls—withdrew in order to prepare themselves for the time when the great battle between the forces of good and evil would erupt, signalling the beginning of the end. Others followed the preacher John the Baptist, who called on them to "Repent, for the kingdom of heaven is at hand," or listened to Jesus of Nazareth, who preached the same message in Galilee and in Jerusalem. Still others, a few years after Jesus' execution, followed a prophet named Theudas to the banks of the Jordan, carrying all their riches, expecting the river to part so that they could walk across it to God's kingdom. Some took to the hills of Galilee and harried the Romans and their Jewish puppet rulers in any way they could, to hasten the end of the old order. The authorities met this agitation with force. Year after year, expeditions were dispatched into the Galilee hills to flush the rebels from their hideouts. John and Theudas were beheaded and Jesus was crucified, for any talk about the end of the world was interpreted by the Romans—and by most of the populace as well—as a call to rebellion. [285 mots]

[4] When the rebellion finally did break out, the Jews fought fanatically. It took four years for the Romans to reconquer Jerusalem; the city was finally captured and all but destroyed in the spring of A.D. 70 after a terrible six-month siege. But the Zealots still refused to surrender and sought refuge in desert fortresses. Masada, an almost inaccessible rock rising above the western shore of the Dead Sea, was the last of these strongholds to be captured. In the winter of A.D. 73, its besieged defenders at last understood that further resistance was useless; instead of surrendering, hundreds of them killed themselves, their wives, and their children. [110 mots]

[5] Excavations recently completed at Masada by the Israeli archaeologist and former army commander Yigael Yadin have unearthed evidence of the Zealots' last stand there, and the remains of a luxurious palace that Herod the Great had constructed on the site a century earlier. On the following pages, Professor Yadin's report on the dig is presented, accompanied by Josephus's account of Herod's palace and Masada's fall, and by photographs of the site taken especially for *Horizon* by Eliot Elisofon. [78 mots]

N.K. Yadin

Total : 713 mots.

Source : *Horizon. A Magazine of the Arts,* vol. 8, nº 1, 1966, p. 18.

TEXTE 14

The Joys of Growing Your Own

[1] Why, people sometimes ask me, do you grow your own food? Why go to all the trouble of tilling, planting and weeding a piece of your valuable backyard for vegetables? Aren't all those fruit trees and berrybushes a lot of work? Well, I generally answer such questions with a few of my own. When was the last time you bit into a really delicious peach, the juice fairly bursting through the skin? When was the last time you sat down to a steaming plate of fresh asparagus—the tender just-ripe tips, not the stringy kind you generally get at the supermarket? When was the last time you could even find sweet corn picked fresh enough to be really sweet, or raspberries plump enough to make cold cereal a gourmet dish? [131 mots]

[2] The answer, of course, is pretty much what I expected: all too long ago. For even if most Americans are well fed, most of them are also missing the incomparable taste of truly fresh vegetables and fruits. Those small, often hard tomatoes you buy at the store were probably picked when they were still green; moreover, they are of a variety developed not so much for their flavor as for their shipping and handling qualities—including a tough protective skin. Chances are, particularly if you buy them during the off season, that they came from a big mechanized farm in a distant state—California, for example, produces a quarter of all the table food sold in the United States, including nearly two thirds of the tomatoes. Actually the produce industry supplies us with an incredible harvest—refrigerated, frozen, canned, dried—and much of it available almost everywhere at almost every season of the year. What the industry cannot do at long range and in large quantities, however, is to supply most vegetables and fruits the way people like to think of them: truly fresh. To get them that way, you either have to live next to a friendly truck gardener—or grow them yourself. [204 mots]

[3] If you grow your own, you certainly get freshness and you may also save some money—but then again you may not. On the face of it you can beat store prices every time, but when you stop to add up the cost of fertilizers, peat moss, mulch, pesticides, garden hose, tools, and other odds and ends (not even counting your own labor), you will be lucky to break even. No matter. You will enjoy several things money cannot buy, including the unique satisfaction of growing precisely what you want and eating it at its prime. You can experience at first hand the age-old miracle of tiny seeds becoming bountifully producing plants. And, too, a little spading, hoeing and weed pulling never hurt anyone's waistline. [126 mots]

[4] SUMMER-LONG BOUNTY. My wife, Margaret, and I have had a vegetable and fruit garden for almost 30 years, and we would not be without it. It is about 60 by 100 feet, a bit larger than most homeowners might care to keep up, but we find that it is worth every minute we invest in it, and we do not feel obliged to plant every square inch of it every year. We grow a wide assortment of crops for our own enjoyment and to give to friends, and we find ourselves looking forward to each one as it comes into season, actually planning meals around it. In May we feast on asparagus and rhubarb, as well as on the first early plantings of leaf lettuce and radishes. June is strawberry month, with big juicy berries on the breakfast table, strawberry shortcake for family dinners and—a special treat—Margaret's own strawberry-rhubarb pie (*right*). July brings carrots and beets as well as tender green peas to go with New England's traditional Fourth of July salmon. It also brings potatoes; they take up a fair amount of space but we always grow some, not so much for the mature potatoes, which are generally no better than those we buy at the market (potatoes ship and keep relatively well), but for the new potatoes, dug when they are only about an inch or two across and possess a delicate flavor that is lost soon after harvesting. August brings peppers, eggplants, tomatoes, sweet corn and summer squashes, and we are picking broccoli and Brussels sprouts well into fall. These are our stand-bys, but every year we try to plant at least a half row of a new vegetable or a new variety of an old one, just to experiment. Last year it was an All-America Selection, Waltham Butternut squash; this year it was a new seedless watermelon. [317 mots]

[5] We look forward to our annual calendar of fruit every bit as much. Following the strawberries, which we grow in our vegetable garden, we have raspberries, blackberries and blueberries from a dozen or more bushes; pears, plums, apples and walnuts; and grapes from vines of eight different varieties. We also keep a little herb garden going indoors or out year round to supply parsley, rosemary, thyme, dill and other seasonings for our meals. [73 mots]
[…]

Total : 851 mots.

Source : J.U. CROCKETT, *Vegetables and Fruits*, The Time-Life Encyclopædia of Gardening, 1971.

TEXTE 15

Building the Suez Canal

FOREWORD

[1] Men have exercised their courage and resourcefulness to win enduring fame in many different ways. Some have led armies to victory in mighty clashes involving thousands of soldiers. Others have followed lonely trails and crossed unknown waters to discover new lands. And today men are being hurled into space to explore far realms beyond the atmosphere of our planet. But not all the paths to glory are so dramatic. [69 mots]

[2] Some men wage their battles against ignorance and prejudice, and they are heroes just as surely as are the generals, explorers, or spacemen. The story of one such quiet hero, Ferdinand de Lesseps, is told in *Building the Suez Canal*. Rulers, politicians and financiers in Europe and in Egypt thought de Lesseps' ambitious scheme to link the waters of the Mediterranean and Red Sea—thus cutting 5,800 miles off the India to Europe ocean voyage—was impractical, unwise, and even foolish. The hostile, empty desert of the Isthmus of Suez posed a seemingly insurmountable geographical challenge to the builder's ingenuity and persistence. [103 mots]

[3] During the ten years of its construction, from 1859 to 1869, the Suez Canal was the focus of world-wide attention; many of the dramatic photographs, drawings, diagrams, maps, and etchings reproduced here are from the press of that period. Around the globe, people read about de Lesseps' progress much as they might follow campaigns in a war. Many were hoping for his defeat and humiliation; a few farsighted individuals realized that his final victory would be a triumph for mankind as well. [83 mots]

[4] In the years since its completion, the Suez Canal has occasionally been the scene of conflict, as in the 1956 crisis in which Great Britain, France and Israel stood on the brink of war with the United Arab Republic over possession of the waterway. But more frequently the hundred-mile-long channel has been the route of profitable commerce and peaceful travel between East and West, and has thus been a force for world unity. Today the startling sight of ships in the desert, as in the photograph opposite, is an enduring testimony to man's limitless vision and his ability to apply knowledge, skill, and will power toward the realization of his dreams. [113 mots]

THE EDITORS

Total : 368 mots.

Source : S.C. BURCHELL, *Building the Suez Canal*, New York, American Heritage, 1966.

TEXTE 16

Celebration in the Desert

[1] For a week now the vessels had been sailing into Port Said, Egypt's newest harbor, which lay on the Mediterranean side of the Isthmus of Suez. Today it was crowded with ships—nearly eighty of them riding at anchor in the calm water of the roadstead. [46 mots]

[2] Some were yachts, some were merchant vessels, and some were men of war, all freshly decorated and painted for the occasion. Colorful pennants streamed from every mast, and the decks were lined with sailors in dress uniform. The flags of almost all the seafaring nations of the world fluttered in the light sea breeze. It was a clear, sparkling day under an intense blue sky. [65 mots]

[3] At the front of the great flotilla rode a sleek black yacht that flew the colors of France. A few minutes before eight o'clock on this morning—Wednesday, November 17, 1869—a beautiful woman appeared on the bridge of the yacht; with her was an older man in a black frock coat. Along the breakwaters and all around the curve of the harbor the crowd began to cheer. At the same time, cannon sounded from shore batteries and from all the warships lying at anchor. The stately woman smiled and waved her handkerchief, and the crowd roared again. [98 mots]

[4] She was Eugénie, Empress of the French, and she had come all the way from Europe to be the guest of honor at this great celebration—the opening of the new Suez Canal. The man with her was Ferdinand de Lesseps, her cousin and the man who had developed the idea of the canal and built it—against great odds. Today the canal was a reality at last. It was a day, and a celebration, that promised to be one of the most splendid of the nineteenth century. Only a few months before, the Khedive Ismail, who ruled over Egypt, had personally delivered his invitation to Eugénie in Paris. Her attendance was the final touch to his magnificent plan for an event that the world would not soon forget. [129 mots]

[5] Shielding her eyes against the bright Egyptian sun, Eugénie looked toward the shore. The cannon continued to fire, and the harbor was filling with smoke. But she could still make out the excited crowd. [34 mots]

[6] There were Egyptian workers and soldiers, Bedouins and Turkish noblemen. There were Greek sailors and French engineers, merchants from Syria and veiled Tuaregs from the desert. There were black men from the Sudan and white men from all the countries of Europe—from

England and Italy and Sweden, from France and Spain and Austria. Some had even come from Russia and the faraway Americas. Now they were crowded together around the harbor of Port Said, all anxious for a place near the water's edge. The great celebration was about to begin. [91 mots]

[7] Eugénie's eyes sparkled. When she had left Marseilles almost two months earlier, she had not imagined that she would be sailing into an adventure out of *The Arabian Nights*. [29 mots]

[8] But, during her journey, she ate strange foods and saw strange sights and heard strange sounds. She dined at Constantinople with the sultan of Turkey and his grand vizier. She lunched at a palace near the Great Pyramids with the Khedive himself. She saw Arab horsemen and Turkish lancers and savage tribesmen from the Congo. And she heard the cries of the bazaar and the Moslem prayers at sunset. Now, at last, she was beginning the most exciting part of her adventure. In a few minutes she would lead all the ships at Port Said through the magnificent new canal. For the next few days she would be at the center of all the mystery and magic and glamour of the Middle East. [123 mots]

[9] Just before eight o'clock an unexpected silence fell over the harbor. The cannon stopped firing, and the crowd no longer cheered. There was only the faint cry of a seagull, and the clearest sound de Lesseps and the Empress could hear was the creaking of an anchor chain being raised. They nodded silently to each other, and de Lesseps took a watch from his pocket. The hands pointed to eight o'clock. [71 mots]

[10] Then the silence in the harbor came to a sudden end. The air was filled with the hissing of steam whistles and the wailing of sirens. The cannon sounded again and again, and the crowd cheered with wilder excitement than before. Sailors shouted from the yardarms, and on the warships naval bands began to play. The stirring sound of military music filled the harbor. [64 mots]

[11] With deafening blasts from her siren, *L'Aigle*, the yacht that carried de Lesseps and the Empress, started up. [...] [19 mots]

Total : 769 mots.

Source : S.C. BURCHELL, *Building the Suez Canal*, New York, American Heritage, 1966.

ANNEXES

ANNEXES

ANNEXE 1

Rôle de récepteur

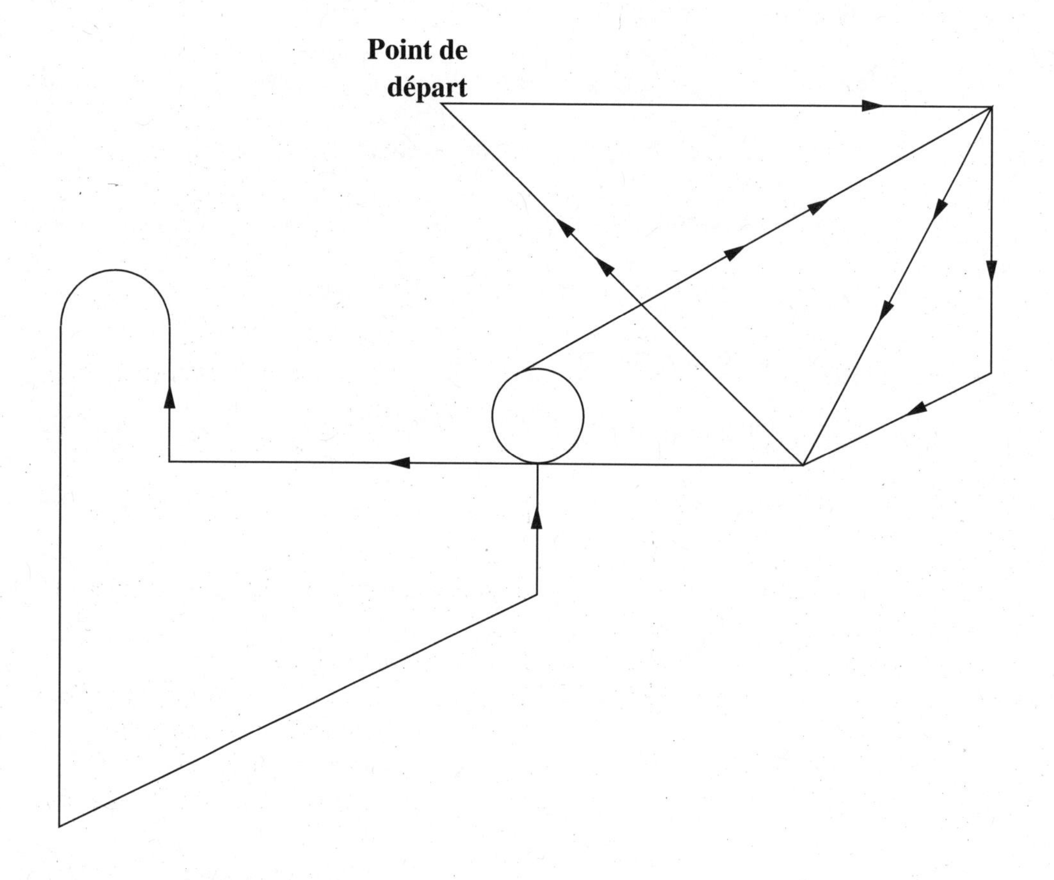

Espaces[1] avant et après[2] les signes de ponctuation et les signes typographiques

(dans les textes produits par dactylographie ou par traitement de texte[3])

	Avant	Après	Exemple
Appel de note	Ø[5]	Séc.	Selon Freud[a], il serait…
Arithmétique[4]	Inséc.[5]	Inséc.[5]	2 + 5 = 7
Astérisque	Ø	Séc.	Fusil*
Barre oblique	Ø	Ø	1/200, km/h, ouvert/fermé[6]
Crochet ouvrant	Séc.	Ø	Les crochets et points de
Crochet fermant[2]	Ø	Séc.	suspension […] servent à…
Degré			
avec indication d'échelle	Inséc.	Ø	Il fait 33 °C.
sans indication d'échelle	Ø	Séc.	Régler le four à 180°.
Deux-points, cas généraux	Inséc.	Séc.	Voici les problèmes rencontrés : manque…
Deux-points dans les heures numériques	Ø	Ø	Il sera 12:00 dans 35 secondes.
Guillemet anglais ouvrant	Séc.	Ø	*The market is in a "show me"*
Guillemet anglais fermant[2]	Ø	Séc.	*mood.*
Guillemet français ouvrant	Séc.	Inséc.	Il lui a répondu : « Certainement
Guillemet français fermant[2]	Inséc.	Séc.	pas. »
Heure (symbole h)	Inséc.	Inséc.	Il est 13 h 45.
Parenthèse ouvrante	Séc.	Ø	[…] une rigidité extrapyramidale
Parenthèse fermante[2]	Ø	Séc.	avec mouvements anormaux (spasmes, myoclonies).
Point final	Ø	Séc.	Il s'est décidé. Il est parti sans dire un mot.
Point abréviatif	Ø	Séc.	Vous avez rencontré M. le juge.
Point d'exclamation	Ø	Séc.	Quelle surprise!
Point d'interrogation	Ø	Séc.	Avez-vous tout lu?
Points de suspension			
entre crochets	Ø	Séc.	Le policier […] s'est enfin montré.
fin de phrase	Ø	Séc.	J'ai bien un soupçon…

Point-virgule	Ø	Séc.	Pierre aime skier; Nicole, patiner.
Pourcentage	Inséc.	Séc.	Il y a 70 % des candidats qui ont réussi le test.
Tiret	Séc.	Séc.	Le point d'exclamation – simple, double ou triple – peut…
Trait d'union	Ø	Ø	Les gratte-ciel de Manhattan…
Unités diverses[7]	Inséc.	Séc.	Il pèse 95 kg.
Unités monétaires	Inséc.	Séc.	Ce livre coûte 58 $[8].
Virgule dans un nombre[9]	Ø	Ø	Cette bouteille a une capacité de 2,5 litres.
Virgule dans une phrase	Ø	Séc.	Les pommes, les poires et les abricots sont…

1. En typographie, le mot « espace » est demeuré féminin. Il désignait au départ la petite tige métallique qui servait à espacer les mots, les lettres à l'intérieur d'une ligne. Aujourd'hui, il désigne le blanc placé entre les mots ou les lettres.
2. L'espacement indiqué dans ce tableau ne concerne que celui qui est utilisé entre les signes et les mots ou les chiffres. C'est dire qu'on n'inclut pas d'espace entre la parenthèse fermante, le guillemet fermant ou le crochet fermant et la ponctuation qui les suit, sauf s'il s'agit d'un tiret ou d'un deux-points.
3. Dans le domaine de l'édition, on recourt à des espacements plus détaillés : cadratin, demi-cadratin, espace fine, etc. Dans les textes dactylographiés ou produits par traitement de texte, les espaces fines des typographes sont généralement supprimées (c'est le cas avant le point-virgule, le point d'exclamation et le point d'interrogation). Toute autre espace est rendue par une espace fixe.
4. Voici quelques signes mathématiques : +, –, x, ÷, =, <, ≤ , ≅, , , ≡, .
5. Abréviations et symboles : ø = pas d'espace; Séc. = espace sécable; Inséc. = espace insécable.
6. Cependant, la barre oblique est précédée et suivie d'une espace lorsqu'elle sert à séparer des vers qui, dans un texte, sont écrits à la suite, et, souvent, lorsqu'elle sert à présenter une traduction.
7. Les indications fournies ne concernent que les symboles des unités de mesure : cm, m, kg, W, V, etc. Noter que les symboles sont invariables et s'écrivent sans point abréviatif.
8. S'il existe plusieurs devises du même nom (ex. : dollar), on pourra préciser de quelle devise il est question en ajoutant le code national ou international du pays. C'est ainsi qu'il est possible de distinguer $US, $CAN, $HKG et $A (voir Bureau de la traduction, *Le Guide du rédacteur*, Ottawa, Travaux publics et Services gouvernementaux Canada, 1996, p. 43). Dans *Le français au bureau*, on propose d'insérer une espace, insécable, il va sans dire, entre le symbole et le code : $ CA, $ US.
9. Si un nombre est inférieur à 10 000, il n'est pas nécessaire de laisser une espace avant le chiffre des centaines. On peut donc écrire soit 9 320 ou encore 9320. Noter l'absence de virgule. Dans le système international, la virgule a remplacé le point décimal.

ANNEXE 3

Différences entre langue de départ et langue d'arrivée
(courte bibliographie)

BULMAN, F., *Dictionnaire des proverbes / Dictionary of Proverbs*, Québec, Presses de l'Université Laval, 1998, 270 p.

DEMANUELLI, C., *Points de repère. Approche interlinguistique de la ponctuation français-anglais*, Saint-Étienne, C.I.E.R.E.C., 1987, 279 p.

DUBÉ, G. et F. FORTIN, *Dictionnaire des expressions imagées / Images in Words Dictionary*, Montréal, Les Éditions internationales Alain Stanké, 1998, 394 p.

PONS-RIDLER, S. et G. QUILLARD, « La question dans les "textes bilingues" : analyse contrastive », *TTR*, vol. 8, nº 2, 1995, p. 197-210.

QUILLARD, G., « Étude de certaines différences dans l'organisation collective des discours anglais et français », *Babel*, vol. 43, nº 4, 1997, p. 313-330.

— « Quelques aspects linguistiques et culturels de l'implicite et de l'explicite en anglais et en français », *Interface* (*Journal of Applied Linguistics*), vol. 6, nº 1, 1992, p. 83-91.

— « Rôle argumentatif des négations et marqueurs prosodiques dans la publicité française et québécoise », *Interface* (*Journal of Applied Linguistics*), vol. 11, nº 1, 1996, p. 35-45.

— et G. AKHRAS, « And / et. Analyse distributionnelle de la conjonction copulative en français et en anglais », *Meta*, vol. 41, nº 3, 1996, p. 459-470.

— et S. PONS-RIDLER, « L'interrogation dans les textes écrits. Fréquence et fonctions en anglais et en français », *Interface* (*Journal of Applied Linguistics*), vol. 8, nº 1, 1993, p. 43-56.

— et S. PONS-RIDLER, « Pédagogie de la négation », *TTR*, vol. 5, nº 1, 1992, p. 97-210.

— et S. PONS-RIDLER, « Quelques aspects de la négation : comparaison de l'anglais et du français », *The Canadian Modern Language Review*, vol. 47, nº 2, 1991, p. 327-341.

SIMARD, C., « Emploi comparé du tiret en anglais et en français », *Langues et linguistique*, vol. 6, 1980, p. 215-219.

SPILKA, I., « La traduction des charnières », *Journal des traducteurs*, vol. 7, nº 1, 1962, p. 3-8.

SPILKA, I., « Traduction et ponctuation », *La revue canadienne de linguistique*, vol. 28, nº 1, 1983, p. 55-70.

VINAY, J.-P. et J. DARBELNET, *Stylistique comparée du français et de l'anglais*, Montréal, Beauchemin, 1958, 331 p.

Construction progressive d'un schéma cohérent en lecture

Cinq phrases vous seront successivement présentées. Chacune viendra éclairer la précédente et vous aidera à donner un sens plus précis à l'énoncé. À la fin des cinq phrases, il ne devrait plus y avoir d'ambiguïtés.

1. *Jorunn souhaite la bienvenue à chaque personne qui monte.*

Jorunn : Qu'est-ce? Un système automatique de surveillance?

Qui est-ce? Un homme, une femme ou encore un(e) enfant?

Où se trouve Jorunn? Est-il ou est-elle déjà monté(e)?

Personne : S'agit-il d'enfants ou d'adultes?

Sont-ils uniquement de sexe masculin, uniquement de sexe féminin?

Monter : Où, dans quoi, sur quoi?

2. *Chacune d'elles est accueillie par des cris de joie poussés par ses jeunes camarades.*

Cette phrase vous permet-elle de lever certaines imprécisions de la première phrase? Oui.

Jeunes : Les personnes qui montent sont fort probablement (mais pas nécessairement) elles aussi des jeunes. Toutefois, il ne nous est pas permis de dire si les personnes qui montent sont des garçons ou des filles.

Camarades : Terme épicène, qui n'apporte aucune précision supplémentaire. On ne peut donc dire si les personnes qui sont déjà à bord sont des garçons, des filles ou les deux.

3. *Regardant dans le rétroviseur, Jorunn recule son véhicule.*

Rétroviseur : Ce terme désigne un petit miroir fixé sur un véhicule, qui permet au conducteur de reculer sans avoir à se retourner. Si, par définition, le rétroviseur est fixé sur un véhicule, il faut savoir que, **couramment**, « véhicule » désigne un moyen de transport routier. Il y a donc ici une information complémentaire qui nous permet de mieux préciser le sens de la première phrase.

Jorunn recule : Jorunn est donc une personne, et non un système de surveillance ou toute autre chose; de plus, cette personne est aux commandes du véhicule. Ce serait donc le conducteur ou la conductrice.

4. *Une fois à destination, la conductrice arrête son véhicule.*

Cette phrase apporte une précision. Le schéma se construit lentement.

Conductrice : Il est maintenant évident que Jorunn est une personne de sexe féminin en âge de conduire. On ne saurait dire s'il s'agit d'un nom ou d'un prénom. On ne saurait pas plus dire s'il s'agit d'une immigrante, d'une Québécoise née de parents norvégiens ou encore d'une Québécoise née de parents québécois qui voulaient donner à leur enfant un nom peu courant.

5. *Immédiatement, tous les jeunes garçons descendent du long véhicule jaune en la saluant.*

Garçons : Les personnes qui montaient à bord, de même que celles qui y étaient au départ, sont donc tous des jeunes et de plus tous de même sexe.

Jaune : Ce trait distinctif nous permet de dire qu'il s'agit d'un autobus scolaire, du moins au Québec. Ailleurs il en serait peut-être autrement.

Bref, pour que ces cinq phrases aient un sens, il faut, tout en les lisant, faire des choix, émettre des hypothèses, les vérifier, rejeter celles qui ne résistent pas à l'analyse et conserver celles qui sont logiques, même si elles sont multiples, quitte à en rejeter d'autres plus tard. La clé, c'est la **logique**. Le lecteur ne doit jamais s'en départir.

Il est certain que, si vous aviez eu à lire ces cinq phrases dans un paragraphe, vous auriez compris sans difficulté. C'est dire que, **sans vous en rendre compte**, vous vous seriez posé les mêmes questions et y auriez répondu de la même façon. Autrement, les cinq phrases n'auraient toujours pas de sens.

Quand vous aurez un texte difficile à comprendre, n'oubliez jamais que votre meilleur allié est et sera toujours votre **logique**. Si vous comprenez un texte à la première lecture, c'est que, inconsciemment, vous aurez procédé de la façon qui vient de vous être présentée. Sinon, vous devrez faire un effort qui s'apparente à celui qui vient d'être décrit.

Moyens de remplacer la proposition relative[10]

Il est possible d'utiliser :

- un **substantif** en apposition, d'ordinaire suivi d'un complément;
- un **adjectif**
  - sans complément,
  - avec complément;
- un **participe adjectif**, ordinairement suivi d'un complément;
- un simple **possessif**, suivi d'un nom;
- une **préposition** ou une **locution prépositive** suivie d'un complément;
- un **infinitif**;
- une **proposition principale** ou **indépendante**.

1. UN SUBSTANTIF EN APPOSITION, D'ORDINAIRE SUIVI D'UN COMPLÉMENT[11]

Voici un exemple :

> Hervé Bazin, (qui a écrit le roman) auteur du roman *Le démon de minuit...*

2. UN ADJECTIF

a) sans complément

Les adjectifs qui, utilisés seuls, équivalent à toute une proposition relative, peuvent dénoter différentes caractéristiques : le **temps**, le **lieu**, une **particularité physique, matérielle, économique, sociale, politique, juridique, morale, intellectuelle, littéraire ou scientifique**, ou encore la **capacité** ou l'**incapacité de faire**, **d'être fait** ou **de devenir**.

Voici des exemples :

> les déclarations (qui ont été faites dernièrement) récentes

---

10. Cette section reprend l'essentiel de ce que E. Legrand présente dans *Stylistique française*, 12e édition, Paris, J. de Gigord, 1951.

11. *a*) Souvent le substantif peut remplacer à la fois la proposition relative et son antécédent, si ce dernier est le pronom neutre « ce ».

    Exemple : Je vous explique ce qui a donné lieu à ce malentendu : la cause de ce malentendu.

    b) Parfois le substantif est accompagné d'un adjectif.

    Exemple : Je ne vois pas ce qui logiquement relie ces phrases : l'enchaînement logique de ces phrases.

l'air (qui est autour) ambiant
un vase (qui retient bien l'eau) étanche
un tube (qui a la finesse d'un cheveu) capillaire
des poursuites (qui ont trait aux impôts) fiscales
des querelles (qui se passent à l'intérieur d'un groupe social) intestines
un commerce (qui franchit les frontières) international
une succession (qui n'est pas partagée) indivise
un juge (qui ne se laisse pas corrompre) intègre
un homme (qui paraît tout savoir) universel
un style (qui ne dit rien de trop) précis
une plante (qui vit aux dépens d'une autre) parasite
une substance (qui s'évapore facilement) volatile
un locataire (qui ne peut pas payer) insolvable
des racines (qu'on peut manger) comestibles
un problème (qu'on ne peut résoudre) insoluble

b) avec complément
Exemple :

un professeur (qui continue de suivre sa méthode) fidèle à sa méthode

3. UN PARTICIPE ADJECTIF, ORDINAIREMENT SUIVI D'UN COMPLÉMENT[12]
Exemple :

l'explosion (qui a eu lieu à Atlanta) survenue à Atlanta

4. UN SIMPLE POSSESSIF, SUIVI D'UN NOM
Un simple possessif suffit parfois à remplacer toute une proposition relative introduite par un pronom régime, ou complément. Voici deux exemples :

---

12. *a*) Le participe adjectif peut remplacer avantageusement certaines locutions insignifiantes et banales, comme : qui doit/doivent; qui est/sont; qui a/ont; qui n'a pas/n'ont pas. Voici trois exemples :
un voyage **qui doit** se faire le vingt courant : fixé au vingt courant
les statuettes **qui sont** dans un tronc d'arbre : nichées
les phrases **qui n'ont pas** de sens : vides de sens
b) Il arrive que le participe adjectif remplace le groupe formé de « qui a »/« qui ont » et de son complément direct : un notaire (qui a le droit de) autorisé à parler en mon nom.
c) Au lieu d'utiliser un participe adjectif pour remplacer le groupe « qui a »/« qui ont », on peut aussi employer une préposition (voir le cinquième moyen) :
des cousins qui ont le même âge : du même âge
un arbuste qui a des feuilles odoriférantes : aux feuilles odoriférantes

(L'objectif que vous visez) Votre objectif est louable.

Je te réserve (la première visite que je ferai) ma première visite

5. UNE PRÉPOSITION OU UNE LOCUTION PRÉPOSITIVE SUIVIE D'UN COMPLÉMENT

L'emploi judicieux de la préposition ou de la locution prépositive est souvent utile pour supprimer des relatives. On recourt alors, suivant le cas, à l'une de deux constructions :

a) Parfois la préposition suffit à remplacer à la fois le pronom relatif et le verbe qui le suit. Voici quelques exemples :

DE	le complément (qui désigne la manière) de manière
À	l'homme (qui porte des rubans verts) aux rubans verts
EN	une île (qui a la forme d'un) en forme de triangle
HORS DE	un malade (qui ne court plus aucun danger) hors de danger
D'APRÈS	un tableau (qui copie Raphaël) d'après Raphaël
À LA CHARGE DE	des frais (qui incombent au propriétaire) à la charge du propriétaire

b) Parfois, le pronom relatif et le verbe qui le suit se remplacent par une préposition ou une locution prépositive suivie d'un substantif. Voici des exemples :

un livre (qui ne coûte pas cher) bon marché

un empire (qui tombe) en décadence

un poste (qui n'offre aucun danger) de tout repos

6. UN INFINITIF[13]

Voici un exemple :

J'ai vu sa mère (qui arrivait) arriver en toute hâte.

---

13. « Une proposition infinitive, ayant pour sujet un nom ou un pronom qui est en même temps objet du verbe principal, s'emploie comme complément d'objet des verbes de perception : *apercevoir, contempler, entendre, regarder, voir*, etc., et après certains autres verbes comme *empêcher, envoyer, laisser, mener*, etc., et même après *voici*, qui contient *voir*. » (*Le bon usage*)
Exemples :
Il entend l'enfant (qui crie) crier.
On aperçoit de loin les angles vifs (qui rutilent) rutiler au soleil.

7. UNE PROPOSITION PRINCIPALE OU INDÉPENDANTE

Le dernier moyen consiste à remplacer tout simplement la relative par une indépendante. Cela n'est toutefois pas toujours possible. Tout dépend s'il s'agit d'une relative **déterminative** ou d'une relative **explicative**.

La relative **déterminative** est indispensable pour préciser, circonscrire le sens de l'antécédent et pour faire comprendre de qui ou de quoi il s'agit. Aucun signe de ponctuation ne la sépare de la principale.

Exemple I :

> L'étudiant qui travaille régulièrement mérite nos encouragements.

La relative **explicative**, elle, n'est nullement indispensable pour préciser le sens de l'antécédent : elle se borne à le développer en y ajoutant un renseignement quelconque. Une virgule doit toujours la séparer de la principale.

Exemple II :

> Cet étudiant sérieux, qui travaille régulièrement, mérite nos encouragements.

a) Une indépendante peut-elle remplacer une relative **déterminative**?

Non. Une indépendante ne peut remplacer une relative déterminative sans en changer le sens. En effet, si nous remplaçons la relative de l'exemple I par une indépendante, nous obtenons :

> L'étudiant travaille régulièrement; il mérite nos encouragements.

Deux interprétations sont alors possibles : l'étudiant est connu, ce qui change du tout au tout le sens de la phrase initiale, ou il s'agit de l'étudiant en général.

b) Une indépendante peut-elle remplacer une relative **explicative**?

Oui, si les deux propositions sont également dignes de retenir notre attention. Si nous remplaçons la relative de l'exemple II par une indépendante, nous obtenons :

> Cet étudiant sérieux travaille régulièrement; il mérite nos encouragements.

Ici, rien ne s'oppose à ce que la relative devienne une indépendante, car l'idée qu'exprime la relative n'est pas subordonnée **en importance** à l'idée principale.

Non, si les deux propositions ne sont pas également dignes de retenir notre attention. Si on remplaçait la relative explicative, le résultat serait catastrophique. À preuve, l'exemple suivant :

> Veuillez agréer mes condoléances. Hier soir votre belle-sœur, **qui passait devant chez moi**, m'a appris la mort de votre bonne mère.

qui deviendrait :

> Veuillez agréer mes condoléances. Hier soir votre belle-sœur **passait devant chez moi**; elle m'a appris la mort de votre bonne mère.

Nous avons maintenant trois propositions indépendantes juxtaposées. La première et la troisième sont chargées de sens; la deuxième, elle, insiste lourdement sur un détail. L'insignifiance de son contenu la désignait pour être une relative; l'importance exagérée qu'on lui donne, en en faisant une indépendante, ne sert qu'à rendre moins compréhensible l'enchaînement des idées[14]. Par conséquent, si une relative explicative ne dit rien d'essentiel, si elle équivaut à une sorte de parenthèse, on aurait tort de l'élever au rang de proposition indépendante, car ce serait lui accorder trop d'importance.

Le dernier exemple indique clairement que l'emploi de la relative n'est pas à proscrire. Tout au contraire. Cela permet avantageusement de fournir un élément d'information dont l'importance est peut-être secondaire, mais qui mérite néanmoins d'être mentionné.

14. Cette façon de faire, fréquente en anglais, impose donc d'articuler ce que l'anglais ne fait que juxtaposer (voir la section 7.5.1.1).

Moyens de remplacer la proposition subordonnée[15]

Les moyens qui s'offrent au rédacteur pour remplacer la proposition subordonnée appartiennent à deux catégories : les procédés généraux et les procédés spéciaux. Les premiers regroupent les procédés applicables à toute espèce de conjonction de subordination; les seconds, ceux qui ne s'appliquent qu'à une seule espèce de conjonctions de subordination.

Limitons-nous ici à l'examen des procédés généraux, qui sont au nombre de quatre :

1. Le **remplacement** du verbe ou de l'attribut de la proposition subordonnée par un **substantif**, le plus souvent abstrait. La conjonction disparaît alors. Le substantif est soit sujet, soit complément direct, indirect ou circonstanciel.

Substantif sujet

Ce genre de substitution peut entraîner le changement du verbe de la proposition principale et quelquefois aussi d'autres modifications.

Exemples :

Lorsqu'il pensait à la mort, il ne ressentait aucune crainte.
L'idée de la mort ne lui inspirait aucune crainte.

Bien qu'il ne se porte pas bien, il peut remplir ses fonctions.
Sa mauvaise santé ne l'empêche pas de remplir ses fonctions.

Substantif complément direct, indirect ou circonstanciel

Exemples :

On lui versera divers acomptes jusqu'à ce qu'on atteigne mille dollars.
On lui versera divers acomptes jusqu'à concurrence de mille dollars.

Cette mauvaise traduction a été faite sans qu'on fît attention au contexte.
Cette mauvaise traduction a été faite sans égard au contexte.

15. Cette annexe reprend l'essentiel de ce que E. Legrand présente dans *Stylistique française*, 12e édition, Paris, J. de Gigord, 1951.

2. Le **remplacement** par son **infinitif**[16] du verbe conjugué de la proposition subordonnée. La conjonction disparaît alors. L'infinitif devient tantôt sujet, tantôt complément.

Infinitif sujet

Exemples :

Il vaudrait mieux que vous perdissiez votre fortune que de perdre votre honneur.
Mieux vaudrait pour vous perdre votre fortune que votre honneur.

Infinitif complément

Exemples :

On nous avertit qu'il ne faut pas que nos phrases soient trop longues.
On nous avertit de ne pas trop allonger nos phrases.

3. L'**élimination**, sans compensation ni remplacement d'aucune sorte, de la conjonction de subordination et des mots qu'elle traîne à sa suite. C'est à coup sûr le moyen le moins compliqué. Disposez vos idées suivant les lois d'une logique rigoureuse et contentez-vous de les juxtaposer. Il est fort possible que l'ordre adopté suffise à en laisser voir les rapports.

Exemples :

Tu devrais te dépêcher, puisqu'on t'attend.
Tu devrais te dépêcher : on t'attend.

Pendant que vous étiez enfant, vous étiez gaie; depuis que vous êtes jeune fille, vous pleurez sans cesse.
Enfant, vous étiez gaie; jeune fille, vous pleurez sans cesse.

L'égoïste a pour principe que tout doit être pour lui et que les autres ne doivent rien avoir.
Voici le code de l'égoïste : tout pour moi, rien pour les autres.

16. La tournure par l'infinitif nécessite assez souvent le changement d'un des verbes.

a) Parfois on change le verbe de la proposition principale.

Exemples :

On ne me dira pas que j'ai manqué de patience.
On ne me reprochera pas d'avoir manqué de patience.

b) Plus souvent il faut changer le verbe de la subordonnée.

Exemples :

Il craignait qu'on ne le regardât comme ignorant.
Il craignait de passer pour ignorant.

Il mérite que vous soyez son ami.
Il mérite de vous avoir pour ami.

4. Le **remplacement** de la conjonction de subordination et de la proposition qu'elle introduit par une tournure impérative, interrogative ou exclamative.

Tournure impérative

Exemples :

Lorsque tu seras puissant, tu auras des amis.
Sois puissant, tu auras des amis.

Peu importe que nous dépensions beaucoup, pourvu que nous sauvions notre honneur.
Dépensons beaucoup, mais sauvons notre honneur.

Tournure interrogative[17]

Exemples :

J'ai toute confiance en vous, puisque vous êtes mon meilleur ami.
J'ai toute confiance en vous. N'êtes-vous pas mon meilleur ami?

Je ne comprends pas que vous le querelliez, puisqu'il n'a fait que suivre vos conseils.
Pourquoi donc le querellez-vous? Ne s'est-il pas borné à suivre vos conseils?

Tournures interrogative et impérative combinées

Exemples :

Puisque personne ne vous presse de partir, je désire que vous restiez encore un moment.
Qui donc vous presse de partir? Restez encore un moment.

Puisque vous avez du temps libre, je demande que vous m'écriviez plus souvent.
N'avez-vous pas du temps libre? Écrivez-moi plus souvent.

Tournure exclamative

Exemples :

Si vous m'attaquez, il est probable qu'il vous arrivera malheur.
Malheur à vous, si vous m'attaquez!

Je remercie Dieu de ce que je revois mon village et mes vieux parents.
Dieu soit loué! Je revois enfin mon village et mes vieux parents.

---

17. Pour en savoir plus sur l'importance de la forme interrogative en français, par comparaison avec l'anglais, voir G. QUILLARD, « La question dans les textes bilingues : analyse contrastive », *TTR*, vol. 8, nº 2, 1995, p. 197-210.

La phrase : bref rappel grammatical[18]

La grammaire définit la phrase de la manière suivante : Tout assemblage linguistique d'unités qui a du sens et que l'émetteur et le récepteur considèrent comme un énoncé complet (voir *Le bon usage*, de Grevisse). Mais pour être complet, un énoncé n'a pas besoin d'un nombre minimal de mots. Parfois un seul suffit : « Va. »

Si la phrase ne contient qu'une seule proposition, on parle de phrase **simple**. En voici quelques exemples :

L'étudiant voyage par autobus.
Il partira demain.
Il neige.
Va.

L'énoncé peut fort bien ne pas être aussi simple. Il peut être constitué de deux propositions (« J'ai bien aimé le repas que tu m'as servi ») ou de plusieurs propositions agencées harmonieusement (« J'ai bien aimé le repas que tu m'as servi, surtout parce que c'est toi qui l'as préparé »). On parle alors de phrase **composée** ou **complexe**.

Si le rédacteur utilise des phrases complexes, c'est qu'il considère que chacune des propositions n'a pas le même poids, que l'une lui paraît principale, ou dominante, et les autres, accessoires, ou secondaires, et nécessairement soumises à la principale. Autrement dit, ce faisant, il campe l'importance de chaque segment de l'énoncé.

Les propositions peuvent être regroupées selon divers paramètres, par exemple, selon les rapports qu'elles ont les unes avec les autres ou encore selon leur association.

Classification selon leurs rapports réciproques

Considérées dans leurs rapports réciproques, les propositions sont **indépendantes**, **principales** ou **subordonnées**.

18. P. LE GOFFIC, *Grammaire de la phrase française*, Paris, Hachette Supérieur, 1993.

Proposition indépendante

Est dite indépendante toute proposition qui ne dépend d'aucune autre et dont aucune autre ne dépend. Autrement dit, elle se suffit à elle-même.

Exemple :

J'ai bien aimé le repas.

Proposition principale

Est dite proposition principale toute proposition qui a sous sa dépendance une ou plusieurs autres propositions.

Exemple :

J'ai bien aimé le repas que tu m'as servi, surtout parce que tu l'as préparé.

Ici, « J'ai bien aimé le repas » joue le rôle de principale.

Proposition subordonnée

Toute proposition qui dépend d'une autre qu'elle complète, cette dernière jouant par rapport à elle le rôle de principale, est appelée proposition subordonnée.

Dans l'exemple donné précédemment, « que tu m'as servi » et « parce que tu l'as préparé » sont des subordonnées de « J'ai bien aimé le repas ». Noter qu'une subordonnée peut jouer le rôle de principale par rapport à une troisième proposition. Prenons l'exemple suivant :

J'ai bien aimé le repas que tu m'as servi, surtout parce que tu l'as préparé avant même que je ne te le demande.

Ici, « avant même que je ne te le demande » est subordonné à « parce que tu l'as préparé ». Cette dernière proposition joue donc, dans ce cas particulier, le rôle de principale, même si elle est subordonnée à « J'ai bien aimé le repas ».

Classification selon leur groupement

Considérées selon leur groupement, les propositions sont dites **coordonnées**, **subordonnées** ou **juxtaposées**.

Propositions coordonnées

Sont dites coordonnées deux propositions de même nature, non dépendantes l'une de l'autre, liées entre elles par une conjonction ou une locution conjonctive (c'est-à-dire un groupe de mots équivalant à une conjonction). Ce mode de groupement s'appelle coordination, et la conjonction qui lie ces propositions est une conjonction de coordination.

Exemple :

La tomate est un fruit et on la vend au marché.

Propositions subordonnées

Sont dites subordonnées les propositions qui dépendent d'une principale et qui s'y rattachent par une conjonction ou une locution conjonctive ou encore un pronom relatif. Ce mode de groupement s'appelle subordination, et la conjonction qui lie la subordonnée à la principale est une conjonction de subordination.

Exemple :

Le voyage a été annulé parce que le guide est tombé malade.

Propositions juxtaposées

Sont dites juxtaposées deux propositions ou plus ayant entre elles un rapport inexistant ou inexprimé. Dans la coordination, comme dans la subordination, on peut se dispenser d'exprimer la conjonction qui lierait entre elles les propositions. Elles sont alors groupées par simple juxtaposition.

Exemples :

Le ciel est bleu, les blés sont mûrs.

J'ai été malade cette nuit; j'ai trop mangé hier soir.

Reformulations possibles
de
All this has changed

Maintenant tout a changé.

Maintenant les choses ne sont plus ce qu'elles étaient.

Tous les changements entrent en vigueur immédiatement.

Tout est différent maintenant.

Plus rien n'est pareil.

Aujourd'hui, c'est tout autre chose

Rien n'est plus comme avant.

La page est maintenant tournée.

Tout ceci est maintenant de l'histoire ancienne.

Nous recommençons à neuf.

Nous entrons dans une ère nouvelle.

Autre temps, autres mœurs.

On ne s'y reconnaît plus.

Un vent de changement a soufflé.

Aujourd'hui, les traditions ont été rompues.

On a donné un bon coup de balai.

Nous assistons à un revirement.

On a donné un coup de barre.

Le vent a tourné.

Il y a eu changement de cap.

C'est un nouveau départ.

Aujourd'hui, on a tiré un trait sur le passé.

Toutes ces formulations ne sont pas équivalentes. Il faut bien comprendre que cet exercice a été fait hors contexte. En contexte, certaines solutions s'imposeraient sans doute d'elles-mêmes; peut-être même que d'autres vous viendraient à l'esprit. Si après avoir fait cet exercice vous avez compris qu'il y a plus d'une façon de dire la même chose, l'objectif est atteint. Il vous faut maintenant y penser quand vous traduisez.

Indicateurs de rapport

à cet effet
à cet égard
à cette fin
à condition que/de
à l'exception de
à l'instar de
à la vérité
à l'opposé
à mesure que
à moins que
à part
à propos de
à savoir
à seule fin que
à supposer que
à tel point que
à vrai dire
afin de/que
ainsi donc
ainsi que
alors
après que
attendu que
au cas que/où
au demeurant
au fond
au fur et à mesure
au moins
au moment où
au point que
au préalable
au reste
au sujet de
au total
aussi bien
aussi bien que

aussitôt que
autant que
avant
avec

bien plus
bien que

c'est que
c'est-à-dire
certains... mais d'autres
certes
chaque fois que
comme
comme si
comparativement
conformément à
conséquemment

d'ailleurs
d'après
d'autant plus que
d'autant que
d'ores et déjà
d'un autre côté
d'une manière générale
d'une part... d'autre part
dans ce cas
dans ces conditions
dans cette hypothèse
dans l'ensemble
dans l'hypothèse où
dans l'intention de
dans la mesure où
de ce point de vue
de ce que
de cette façon
de crainte que

de façon que
de là
de manière à
de manière que
de même que
de peur de/que
de sorte que
de toute façon
de toute manière
déjà
depuis que
dès lors que
dès que
désormais
dorénavant
du moins
du point de vue de
du reste

également
en admettant que
en attendant que
en bref
en cas que
en ce qui a trait à
en ce qui concerne
en ce qui regarde
en conclusion
en conséquence
en conséquence de quoi
en considération de
en contrepartie
en d'autres termes
en définitive
en dépit de
en dernière analyse
en échange de

en effet
en fait
en fin de compte
en général
en même temps que
en outre
en particulier
en plus
en premier lieu
en principe
en raison de
en rapport avec
en réalité
en règle générale
en résumé
en revanche
en somme
en sorte que
en substance
en terminant
en tout cas
en tout premier lieu
en un mot
en vérité
en vertu de
en vue de
encore
encore que
enfin
entre autres
et
et puis
étant donné que
eu égard à
excepté (que)

finalement

généralement

habituellement
hormis
hors

jusqu'à
jusqu'à ce que

le cas échéant
le plus tôt que
lorsque

maintenant (que)
mais
mais au contraire
même si
moins que
moyennant que

naturellement
ni
non moins que
non plus que
notamment

or
or donc
ordinairement
ou
ou au contraire

par ailleurs
par conséquent
par contre
par crainte que
par égard pour
par exemple
par peur que
par surcroît
pareillement
partant
particulièrement
pendant que
plus que
plutôt que
pour
pour autant que
pour ces motifs
pour cette raison
pour que
pourvu que
puisque

quand
quand même
quant à
quelque... que
qui plus est

sans que
sans quoi
sauf que
savoir
selon que
seulement
si bien que
si ce n'est que
si peu que
si... que
si tant est que
sinon
sitôt que
soit
soit que…, soit que
soit…, soit
somme toute
suivant que
supposé que
surtout

tant que
tantôt
tantôt…, tantôt
tellement que
tout bien considéré
tout d'abord

vraiment

Réponses aux questions de l'exercice 27
(cohérence du paragraphe)

A. 3 – 2 – 1 (What Is an Herb?)

B. 2 – 3 – 1 (Monkey Business)

C. 3 – 2 – 4 – 1 (Book Review)

D. 2 – 1 – 4 – 3 (A Pink-Collar Worker's Blues)

E. 3 – 1 – 4 – 2 (The Ambiguous American)

F. 2 – 4 – 1 – 3 (The Family in India)

G. 2 – 5 – 3 – 1 – 4 (At the Café)

H. 3 – 5 – 4 – 2 – 1 (Return to India)

I. 3 – 5 – 4 – 1 – 2 (*Building the Suez Canal*: Foreword)

J. 3 – 5 – 1 – 2 – 4 (Celebration in the Desert)

K. 5 – 1 – 4 – 3 – 2 (Olestra)

Les paragraphes A, B, C, D, I, J et K proviennent de textes de la cinquième partie du présent manuel.

Système international d'unités (SI)[19]

Vous trouverez ci-dessous une liste alphabétique de diverses unités et leurs facteurs de conversion[20] respectifs.

1. Facteurs de conversion[21]

1 acre = 4046,856 422 4 m^2
1 arpent linéaire FR[22] = 58,471 308 m
1 arpent (Québec) = 3418,894 m^2
1 atmosphère normale = 101,325 kPa
1 baud = 1 s^{-1}
1 calorie (diététique) = 4,1855 J
1 calorie (internationale) = 4,1868 J
1 calorie (thermodynamique) = 4,184 J
1 cheval-vapeur (hp) GB = 745,7 W
1 cheval-vapeur (hp) (chaudière) = 9,089 50 kW
1 cheval-vapeur (hp) (électrique) = 746 W
1 cheval-vapeur (hp) (hydraulique) = 746,043 W
1 cheval-vapeur métrique = 735,499 W
1 chopine liquide CA = 0,568 261 dm^3 ou l
1 chopine liquide GB = 0,568 262 dm^3 ou l
1 chopine liquide US = 0,473 176 473 dm^3 ou l
1 cuillerée à soupe CA (hôpitaux) = 15 ml
1 cuillerée à soupe CA (1/2 oz) = 14,21 ml
1 cuillerée à soupe GB (5/8 oz) = 17,76 ml
1 cuillerée à soupe US (1/2 oz) = 14,786 76 ml

---

19. CRIQ (Centre de recherche industrielle du Québec), *Guide des unités SI*, 2e édition, 1982.
20. Pour convertir une unité impériale en unité SI, on **multiplie** par le facteur de conversion.
    Exemples : 1 pied = 30,48 cm
    5 pieds = 5 x 30,48 cm = 152,4 cm ou 1,524 m
21. Voir p. 236 pour en savoir plus sur la précision dans la conversion.
22. Abréviations des noms de pays. CA : Canada; FR : France; GB : Royaume-Uni; US : États-Unis.

1 cuillerée à thé CA (hôpitaux) = 5 ml
1 cuillerée à thé CA (1/6 oz) = 4,74 ml
1 cuillerée à thé GB (1/8 oz) = 3,55 ml
1 cuillerée à thé US (1/6 oz) = 4,928 922 ml
1 degré Fahrenheit[23] = [1,8 · t (°C)] + 32
1 gallon CA = 4,546 09 dm^3 ou l
1 gallon GB = 4,546 092 dm^3 ou l
1 gallon US = 3,785 411 784 dm^3 ou l
1 lieue nautique (internationale) = 5,556 km
1 lieue nautique GB = 5,559 552 km
1 lieue terrestre US = 4,828 032 km
1 livre (avoirdupoids[24], 16 oz) = 453,592 37 g
1 livre (officinal[25] ou troy[26], 12 oz troy) = 373,241 721 6 g
1 mille = 1,609 344 km
1 mille carré = 2,589 988 110 336 km^2
1 mille marin (international) = 1,852 km
1 mille marin GB = 1,853 184 km
1 mille marin US = 1,852 km
1 nœud (international) = 1,852 km/h
1 once (officinal ou troy) = 31,103 476 8 g
1 once (avoirdupoids) = 28,349 523 125 g
1 once liquide CA = 28,413 062 5 cm^3 ou ml
1 once liquide GB = 28,413 07 cm^3 ou ml
1 once liquide US = 29,573 529 562 5 cm^3 ou ml
1 pied = 30,48 cm
1 pied carré = 929,0304 cm^2
1 pied cube = 28,316 846 592 dm^3 ou l

---

23. La conversion des degrés Fahrenheit en degrés Celsius exige plus qu'une simple multiplication. La formule est la suivante : t (°C) = [t (°F) – 32] ÷ 1,8.

24. Avoirdupoids (en un seul mot) : système de mesure de masse des pays anglo-saxons, qui s'applique à toutes les marchandises autres que les métaux précieux et les médicaments.

25. Officinal (traduction de *apothecaries' weight* : *a system of weight used chiefly by pharmacists*) : ancien système utilisé par les pharmaciens; il n'est plus enseigné dans les facultés de pharmacie. Le seul médicament qui soit encore prescrit parfois en grains (unité de ce système) est l'aspirine. Les facteurs de conversion sont les mêmes que pour le système troy.

26. Troy : système de poids anglais employé pour les métaux précieux et les pierreries, où la livre ne vaut que 12 oz et l'once 480 grains, soit 31,103 5 g.

1 pinte (quart) CA = 1,136 522 5 dm^3 ou l
1 pinte (quart) GB = 1,136 523 dm^3 ou l
1 pinte (quart) US = 0,946 352 948 dm^3 ou l
1 pouce = 25,4 mm
1 pouce carré = 6,4516 cm^2
1 pouce cube = 16,387 064 cm^3 ou ml
1 tasse CA (8 oz) = 227 ml
1 tasse US (8 oz US) = 236,588 236 5 ml
1 tasse métrique = 250 ml
1 tonne (2000 lb) = 907,184 74 kg
1 verge = 91,44 cm
1 verge carrée = 0,836 127 36 m^2
1 verge cube = 0,764 554 857 984 m^3

2. Préfixes utilisés dans le système SI

Préfixe	Symbole		
exa-	E	10^{18}	1 000 000 000 000 000 000
péta-	P	10^{15}	1 000 000 000 000 000
téra-	T	10^{12}	1 000 000 000 000
giga-	G	10^{9}	1 000 000 000
méga-	M	10^{6}	1 000 000
kilo-	k	10^{3}	1 000
hecto-	h	10^{2}	100
déca-	da	10^{1}	10
		10^{0}	1
déci-	d	10^{-1}	0,1
centi-	c	10^{-2}	0,01
milli-	m	10^{-3}	0,001
micro-	µ	10^{-6}	0,000 001
nano-	n	10^{-9}	0,000 000 001
pico-	p	10^{-12}	0,000 000 000 001
femto-	f	10^{-15}	0,000 000 000 000 001
atto-	a	10^{-18}	0,000 000 000 000 000 001

3. Précision dans la conversion

Les facteurs mentionnés au début de cette annexe comportent un nombre imposant de chiffres significatifs, trop en fait pour les besoins du traducteur généraliste. Dans les calculs que vous aurez à faire, n'utilisez que quelques chiffres significatifs.

Quelle précision doit avoir la réponse obtenue une fois effectuée la conversion? Si on indique que la ville XX se trouve à 8 milles de Trois-Rivières, quelle valeur (en kilomètres) écririez-vous dans votre traduction? Le facteur de conversion mentionné dans la table, soit 1,609 344, est beaucoup trop précis, nous l'avons vu. Généralement on n'utilise que 1,6. La réponse mathématique serait : 8 x 1,6 = 12,8 km. Vous conviendrez que cette distance est bien précise. **Trop** en fait. En voici la preuve. Il est généralement admis que l'imprécision, qui touche toujours le dernier chiffre indiqué, vaut la moitié de la dernière unité du nombre indiqué. Dans « 8 milles », 8 fait partie des unités; la moitié d'une unité (1 ÷ 2) égale 0,5. La notation scientifique de cette distance serait 8 (± 0,5); la vraie valeur se situerait donc entre 7,5 et 8,5. Si vous convertissez cette valeur et ses limites en kilomètres, vous obtenez une valeur de 12,8 km avec une limite inférieure de 12,0 (7,5 x 1,6) et une limite supérieure de 13,6 (8,5 x 1,6).

Si, dans votre traduction, vous dites que la ville XX se trouve à 12,8 km de Trois-Rivières, vous laissez entendre que la vraie valeur se situe entre 12,75 et 12,85 (ici, l'imprécision vaut 0,1 ÷ 2, c'est-à-dire la moitié du dernier chiffre indiqué).

Comparons les résultats de nos calculs :

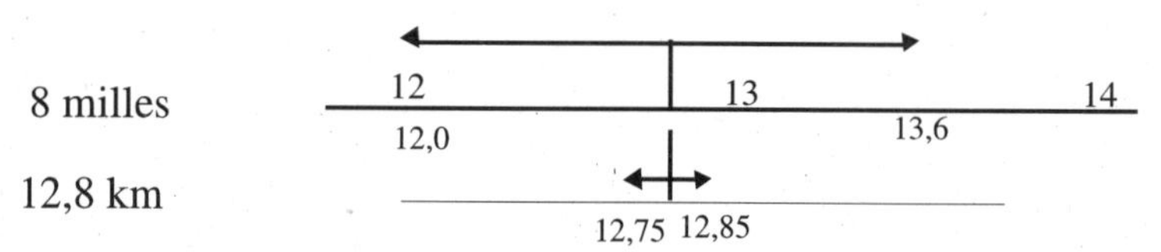

Quand on dit « 8 milles », il y a une certaine imprécision dans la mesure, qui ne se reflète pas dans la réponse. Le traducteur devra plutôt écrire « 13 km », comme résultat de l'opération mathématique, autrement dit arrondir la valeur obtenue par calcul. La preuve saute presque aux yeux. Représentons cette nouvelle valeur avec ses limites, inférieure et supérieure (13 ± 0,5) :

Nous constatons que la nouvelle valeur se rapproche beaucoup plus de la réalité. Conclusion : ne jamais être plus précis dans le produit de la conversion qu'on ne l'est dans la valeur à convertir.

Équivalences courantes des mesures en cuisine

VOLUME

Cuillerée à thé

1/4	=	1 ml
1/2	=	2 ml
1	=	5 ml
2	=	10 ml

Cuillerée à soupe

1	=	15 ml
2	=	30 ml
3	=	50 ml
4	=	60 ml (1/4 de tasse)

Tasse

1/4	=	60 ml
1/3	=	80 ml
1/2	=	125 ml
3/4	=	190 ml
1	=	250 ml
1 1/4	=	315 ml
1 1/3	=	330 ml
1 1/2	=	375 ml
2	=	500 ml
3	=	750 ml
4	=	1 l
5	=	1,25 l
6	=	1,5 l

TEMPÉRATURES

150 °F	=	65 °C
200 °F	=	95 °C
250 °F	=	120 °C
300 °F	=	150 °C
350 °F	=	180 °C
400 °F	=	200 °C
425 °F	=	225 °C
450 °F	=	230 °C
500 °F	=	260 °C

Index

F

G

H

I

J

K

L

M

N

P